CITY|TRIP
ANTWERPEN
BRÜGGE, GENT

Inhalt

7 Auf Städtetrip durch Flandern

- 8 Flanderns Städte an einem Wochenende
- *10 Allgemeine Planungshinweise*
- *12 Ohne Brille, Uhr und Handy – der „Umzug des Goldenen Baumes" in Brügge*
- 13 Zur richtigen Zeit am richtigen Ort
- *13 Allgemeine Feiertage*
- *14 Das gibt es nur in Flandern*
- 15 Flandern für Citybummler
- 17 Flanderns Städte zum Träumen und Entspannen
- 18 Flandern für Genießer
- *19 Smoker's Guide*
- *20 Rezept für Belgiens Lieblingsgericht: Muscheln mit Weißweinsoße*
- *25 Pralinen – belgische Chocolateriekunst*
- 26 Flanderns Städte am Abend
- 27 Flanderns Städte für Kunst- und Museumsfreunde

29 Flandern verstehen

- 30 Von den Anfängen bis zur Gegenwart
- 32 Die Flamen – selbstbewusst und sinnesfroh
- 33 Leben am Wasser

35 Antwerpen

36 Antwerpen entdecken
- 36 Geschichte
- 37 Erlebenswertes im Zentrum
- 37 Stadtspaziergang

< *David Teniers der Jüngere (1610-1690) war einer der bekanntesten flämischen Maler. Er gründete die Akademie Antwerpen, die noch heute bestehende Artesis Hogeschool (055fl Abb.: gs).*

Inhalt

39	❶ Centraal Station (Hauptbahnhof) ★★ [I H7]	
39	❷ Zoo Antwerpen ★★ [I I7]	
40	❸ Diamantenviertel ★ [I H8]	
41	❹ Einkaufsmeile De Keyserlei – Leysstraat – Meir ★★ [I G7]	
42	❺ Rubenshaus (Rubenshuis) ★★★ [I F7]	
42	❻ Groenplaats ★ [I E7]	
43	❼ Liebfrauenkathedrale (Onze-Lieve-Vrouwekathedraal) ★★★ [I E6]	
44	❽ Handschoenmarkt ★ [I E6]	
44	❾ Grote Markt ★★★ [I E6]	
45	❿ Schelde-Ufer: Steen und Sankt-Anna-Tunnel ★ [I D6]	
45	*Silvius Brabo, der Handabschläger*	
46	*Modemetropole Antwerpen*	
47	⓫ Modeviertel Nationalestraat mit ModeNatie ★★ [I E7]	
48	⓬ Museum Plantin-Moretus ★★ [I D7]	
48	⓭ Museumsviertel Het Zuid ★★ [I D9]	
49	⓮ 't Eilandje ★★ [I E3]	
49	⓯ Museum aan de Stroom (MAS) ★★★ [I F5]	

50 Stadtplan I: Antwerpen

56 Nützliche Adressen
- 56 Einkaufen
- 58 Gastronomie
- 60 Nachtleben
- 60 Theater und Konzerte
- 61 Museen und Galerien
- *62 Rundfahrt durch Antwerpens Hafen*

Günter Schenk

CITY|TRIP
ANTWERPEN
BRÜGGE, GENT

Nicht verpassen!

❼ Liebfrauenkathedrale, Antwerpen [I E6]
Mit ihrem über 100 m hohen Turm ist sie das unübersehbare Wahrzeichen der Stadt. Außerdem beherbergt sie einige der wichtigsten Werke Rubens' (s. S. 43).

❾ Grote Markt, Antwerpen [I E6]
Einer der attraktivsten Plätze Belgiens ist gesäumt von prachtvollen Bauten. Blickfang ist das spätgotische Rathaus (s. S. 44).

⓮ 't Eilandje, Antwerpen [I E3]
Das Szeneviertel im Norden der Stadt rund um die alten Hafenanlagen lockt mit zwei gewichtigen Museen: dem Red Star Line Museum und dem Museum aan de Strom (s. S. 49).

⓴ Roezenhoedkaai, Brügge [II E7]
Die Bilderbuchpromenade der Stadt erlaubt einen einmaligen Blick auf das beeindruckende Stadtpanorama. Hier starten auch die meisten Kanalrundfahrten ins „Venedig des Nordens" (s. S. 72).

㉑ Groeninge Museum, Brügge [II D8]
Flämische Malerei vom Feinsten, Brügges erste Adresse für alle Freunde alter Kunst! Bilder von Hans Memling, Jan van Eyck oder Hugo van der Goes geben Einblick in die Welt von einst (s. S. 73).

㉓ Beginenhof, Brügge [II D9]
Diese kleine Siedlung entführt den Besucher in die mittelalterliche Welt der Beginen, einer spirituell geprägten Frauengemeinschaft, die sich jahrhundertelang um Arme und Kranke kümmerte (s. S. 75).

㉗ Genter Altar in St. Bavo [III F5]
Das spätmittelalterliche Altarbild, dessen Geschichte ganze Bücher füllt, fasziniert bis heute. Von einem „köstlich Gemähl" schwärmte schon Dürer (s. S. 91).

㉙ Belfried, Gent [III E5]
Ein Kupferdrache wacht seit Jahrhunderten über dem Wahrzeichen der Stadt. Von oben bietet sich ein wunderbarer Blick aufs neue und alte Gent, das „Manhattan des Mittelalters" (s. S. 94).

㉞ Burg Gravensteen, Gent [III D4]
Flanderns Vorzeigepalast! Die Burg gilt als Kulisse des ersten Parzival-Romans. Ein Movieguide führt Besucher in die Ära der Kreuzzüge (s. S. 97).

Leichte Orientierung mit dem cleveren Nummernsystem
Die Sehenswürdigkeiten sind im Text und im Kartenmaterial mit derselben **magentafarbenen ovalen Nummer** ❶ markiert. Alle anderen Lokalitäten wie Geschäfte, Restaurants usw. tragen ein **Symbol und eine fortlaufende rote Nummer** (🔴1). Die Listen aller Orte befinden sich auf den Seiten 55, 83 und 102, die Zeichenerklärung auf der hinteren Umschlagklappe.

Inhalt

63 Brügge

64 Brügge entdecken
- 64 Geschichte
- *65 Flanderns Spitze ist spitze*
- 66 Erlebenswertes im Zentrum
- 66 Stadtspaziergang
- 67 ⓰ 't Zand ★ [II C8]
- 68 ⓱ Markt mit Belfried und Tuchhalle ★★★ [II D7]
- 69 ⓲ Heilig-Blut-Basilika ★★ [II D7]
- *70 Christi Blut bewegt Flandern*
- 72 ⓳ Rathaus (Stadhuis) ★★ [II E7]
- 72 ⓴ Rozenhoedkaai ★★★ [II E7]
- 73 ㉑ Groeninge Museum ★★★ [II D8]
- 74 ㉒ Liebfrauenkirche ★★ [II D8]
- 75 ㉓ Minnewater und Beginenhof ★★ [II D9]
- *75 Beginen*
- 76 ㉔ Kathedrale St. Salvator ★ [II D8]
- 77 ㉕ Jan van Eyckplein ★★ [II D6]
- 77 ㉖ Rund um die Jerusalemkapelle ★ [II F6]

78 Stadtplan II: Brügge

82 Nützliche Adressen
- 82 Einkaufen
- 84 Gastronomie
- 85 Nachtleben
- 85 Theater und Konzerte
- 86 Museen und Galerien

87 Gent

88 Gent entdecken
- 88 Geschichte
- 89 Erlebenswertes im Zentrum
- 90 Stadtspaziergang
- 91 ㉗ St. Bavo (St. Baafskathedraal) ★★★ [III F5]
- *92 Van Eycks Genter Altar – ein Meisterwerk mit bewegter Geschichte*
- 94 ㉘ Stadthalle ★★ [III E5]
- 94 ㉙ Belfried ★★★ [III E5]
- 95 ㉚ Tuchhalle (Lakenhalle) und Rathaus (Stadhuis) ★★ [III E5]
- 95 ㉛ Werregarenstraat ★ [III E5]
- 95 ㉜ Vrijdagmarkt (Freitagsmarkt) ★★ [III E4]
- 96 ㉝ Kraanlei und Patershol ★★ [III E4]
- 97 ㉞ Burg Gravensteen ★★★ [III D4]

Zeichenerklärung

- ★★★ nicht verpassen
- ★★ besonders sehenswert
- ★ wichtig für speziell interessierte Besucher

[A1] Planquadrat im Kartenmaterial. Orte ohne diese Angabe liegen außerhalb unserer Karten. Ihre Lage kann aber wie von allen Ortsmarken mithilfe der begleitenden Web-App angezeigt werden (siehe Umschlag hinten).

98	㉟ Korenlei und Graslei ★★★ [III D5]
99	㊱ Michaelskirche mit Michaelsbrücke ★ [III D5]
99	㊲ Korenmarkt und Nikolauskirche ★ [III E5]
100	㊳ Veldstraat und Kouter ★ [III E6]
101	㊴ Stadtmuseum Gent (STAM) ★★★ [III D8]
101	㊵ St. Peterskirche und Universitätsviertel ★ [III F8]
103	㊶ Museum für Schöne Künste ★★★ [III E9]
103	㊷ Museum für zeitgenössische Kunst ★★★ [III E9]

104 Stadtplan III: Gent

108 Nützliche Adressen

108	Einkaufen
109	Gastronomie
110	Nachtleben
111	Theater und Konzerte
111	*„Veggiestadt" Gent*
111	Museen und Galerien

113 Praktische Reisetipps

114	An- und Rückreise
116	Autofahren
117	Barrierefreies Reisen
117	Diplomatische Vertretungen
117	Elektrizität
118	Geldfragen
118	*Flandern preiswert*
119	Informationsquellen
120	*Meine Literatur- und Filmtipps*
120	Internet
120	Medizinische Versorgung
121	Mit Kindern unterwegs
122	Notfälle
122	Öffnungszeiten
122	Post
123	Radfahren
124	Schwule und Lesben
124	Sicherheit
125	Sport und Erholung
125	Sprache
126	Stadttouren
128	Telefonieren
129	Unterkunft
132	Verhaltenstipps
132	Verkehrsmittel
134	Wetter und Reisezeit

135 Anhang

136	Kleine Sprachhilfe
140	Der Autor
140	Schreiben Sie uns
140	Impressum
141	Register

Vorwahlen

Für **Telefonate aus D, A und CH** gilt:
- **Antwerpen** 0032 (0)3
- **Brügge** 0032 (0)50
- **Gent** 0032 (0)9

Preiskategorien Restaurants

€	Menü bis 20 €
€€	Menü bis 40 €
€€€	Menü ab 40 €

(für ein 3-Gänge-Menü ohne Getränke)

AUF STÄDTE-TRIP DURCH FLANDERN

Langeweile wird bei einem Kurzurlaub in Flandern niemals aufkommen, bieten doch Antwerpen, Brügge und Gent für jeden etwas. Kunst- und Kultursuchende kommen dank vieler neuer Museen auf alle Fälle auf ihre Kosten, aber auch Einkaufsbummler und Freunde guten Essens und Trinkens sind in Flandern bestens aufgehoben.

Flanderns Städte an einem Wochenende

Wer nur ein verlängertes Wochenende oder ein paar Tage im Rahmen einer Belgienreise zur Verfügung hat, sollte sich bereits im Vorfeld entscheiden, was ihm am Herzen liegt. Kunst und Kultur wie in Brügge, Großstadtatmosphäre wie in Antwerpen – oder ein bisschen von beidem wie in Gent, das in den letzten Jahren touristisch kräftig Punkte gesammelt hat. Auf alle Fälle sollte man immer direkt in den Innenstädten nächtigen, was lange Anfahrten und eine zeitraubende Parkplatzsuche vermeidet und auch abends noch einen gemütlichen Kneipenbummel erlaubt.

Die folgende Wochenendreise dauert drei Tage. Wenn man die Reise freitags starten und ausgiebig shoppen will, sollte man den Reiseverlauf umdrehen, damit man sonntags in Antwerpen nicht vor verschlossenen Geschäften steht.

◸ Vielleicht Belgiens schönste Uferpromenade: Gents Graslei ㉟

◁ Vorseite: Gaukler auf dem Marktplatz ⓱ *in Brügge*

1. Tag: Brügge

Am besten startet man das „Abenteuer Flandern" in Brügge. Empfehlenswert ist ein Hotel im Herzen der Innenstadt, dann ist es nur ein Katzensprung zu allen wichtigen Sehenswürdigkeiten. Dazu gehören der Marktplatz mit dem Belfried ⓱, die Heilig-Blut-Basilika ⓲, die Liebfrauenkirche ⓶ und der Beginenhof ㉓. Und wie zu Venedig eine Gondelfahrt gehört auch zum „Venedig des Nordens" eine **Fahrt durch die Grachten** (s. S. 73). Allerdings sollte man entweder gleich frühmorgens oder erst spätmittags zur Bootstour antreten, da sonst oft lange Wartezeiten an den Anlegestellen drohen.

Allen Freunden der Kultur sei nachmittags eine **Stippvisite in einem der großen Kunsttempel** wie dem Sankt Jansspital oder dem Groeninge Museum ㉑ empfohlen. Wer mit Kindern unterwegs ist, hat sicher mehr Spaß im Schokoladenmuseum (s. S. 86) oder im Pommes-frites-Museum (s. S. 86).

Nach dem Abendessen gilt es, gemütlich bummelnd die andere Seite Brügges kennenzulernen, wenn die **Promenaden entlang der Grachten** ihren besonderen Zauber entfalten. Vielleicht lassen Sie den Tag in einer der kleinen Kneipen ausklingen, bei einem belgischen Bier, das noch mehr Lust auf Flandern macht.

2. Tag: Gent

Nach dem Frühstück ist es nur eine knappe Auto- oder Eisenbahnstunde nach Gent, das auf dem Weg nach Antwerpen liegt. Kunstfreunde steuern am besten gleich die beiden **Museen im Süden der Stadt** an, das Städtische Museum für zeitgenössi-

Eine Gentearin hat sich gut gelaunt in ein historisches Kostüm geworfen

Das bunt geschmückte Rathaus in Antwerpen

Wohnen am Wasser: in Brügge nichts Ungewöhnliches

sche Kunst ㊷ (S.M.A.K.) und das gegenüberliegende Museum für Schöne Künste ㊶. Auf dem Weg in die Innenstadt lohnt sich ein Zwischenstopp im eindrucksvollen Stadtmuseum STAM ㊴, das einen einmaligen Überblick über die Geschichte Gents gibt. In der Altstadt sind Burg Gravensteen ㉞, die Uferpromenaden Korenlei und Graslei ㉟, die neue Stadthalle ㉘, der Belfried ㉙ und die Bavo-Kathedrale ㉗ mit dem berühmten „Genter Altar", der zurzeit allerdings restauriert wird, die touristischen Höhepunkte.

Wer will, kann in Gent übernachten oder gleich weiter nach Antwerpen fahren. An abendlichen Attraktionen, vom Kneipenbummel bis zum Theaterbesuch, mangelt es heute keiner der beiden Städte mehr.

3. Tag: Antwerpen

Rund eine Stunde dauert die Fahrt von Gent nach Antwerpen – gleich ob mit Auto oder dem Zug. Den Bummel durch die Stadt startet man am besten im Viertel um Grote Markt ⑨ und Liebfrauenkathedrale ⑦. Eine Stippvisite am Schelde-Ufer und im modernen Museum aan de Stroom ⑮ sollte ebenfalls drin sein, dann aber heißt es ab in das **Modeviertel rund um die Nationalestraat** ⑪ – oder man flaniert über die wichtigste Einkaufsachse der Stadt, die Meir ④, Richtung Bahnhof ①. Der Weg zum sehenswerten **Hauptbahnhof** führt auch nah am **Rubenshaus** ⑤ vorbei, eine der ersten Museumsadressen der Stadt.

Eine Alternative bei schönem Wetter wäre eine **Hafenrundfahrt**. Abends locken Restaurants oder ein Besuch in einem der Theater oder dem Opernhaus, für das man freilich rechtzeitig vorher Karten organisieren sollte.

Allgemeine Planungshinweise

› Antwerpen, Brügge und Gent lassen sich gut **im Rahmen eines sommerlichen Strandurlaubs** an der Nordsee erkunden. So bieten sich Schlechtwettertage für Kurzausflüge in die flandrischen Metropolen an. Von Brügge etwa ist es nicht einmal eine halbe Autostunde zu den weiten Sandstränden der belgischen Küste – nach Ostende, Blankenberge oder Knokke. Und vor den Toren Südhollands mit seinen Meereslandschaften liegt Antwerpen, die neben Brüssel wichtigste Einkaufsadresse Flanderns.

› **Brügge** sollte man **zu Hauptsaisonzeiten und an einschlägigen Wochenenden (z. B. Ostern und Pfingsten) meiden,** denn dann wird der Ort von Tagesgästen überlaufen. Freunde romantischer Zweisamkeit sollten dies bedenken, sie kommen im Winter eher auf ihre Kosten.

› **Gent** ist ein **klassisches Ganzjahresziel.** Besonders lebendig wirkt die Stadt während der Gentse Feesten Mitte Juli, wenn zehn Tage lang Open-Air-Party angesagt ist und Zehntausende meist junger Menschen die City bevölkern. Besonders abends ist Gent eine Reise wert, wenn die schönsten Häuser und Plätze der Innenstadt erleuchtet sind.

› Wer **Großstadtatmosphäre** schnuppern will, sollte seinen Reiseschwerpunkt auf **Antwerpen** legen. Hier locken die großen Businesshotels am Wochenende, wenn die Geschäftsleute fehlen, häufig mit Preisabschlägen. Jeden ersten Sonntag im Monat sind dort seit Neuestem auch viele Geschäfte im historischen Zentrum geöffnet.

Flanderns Städte an einem Wochenende

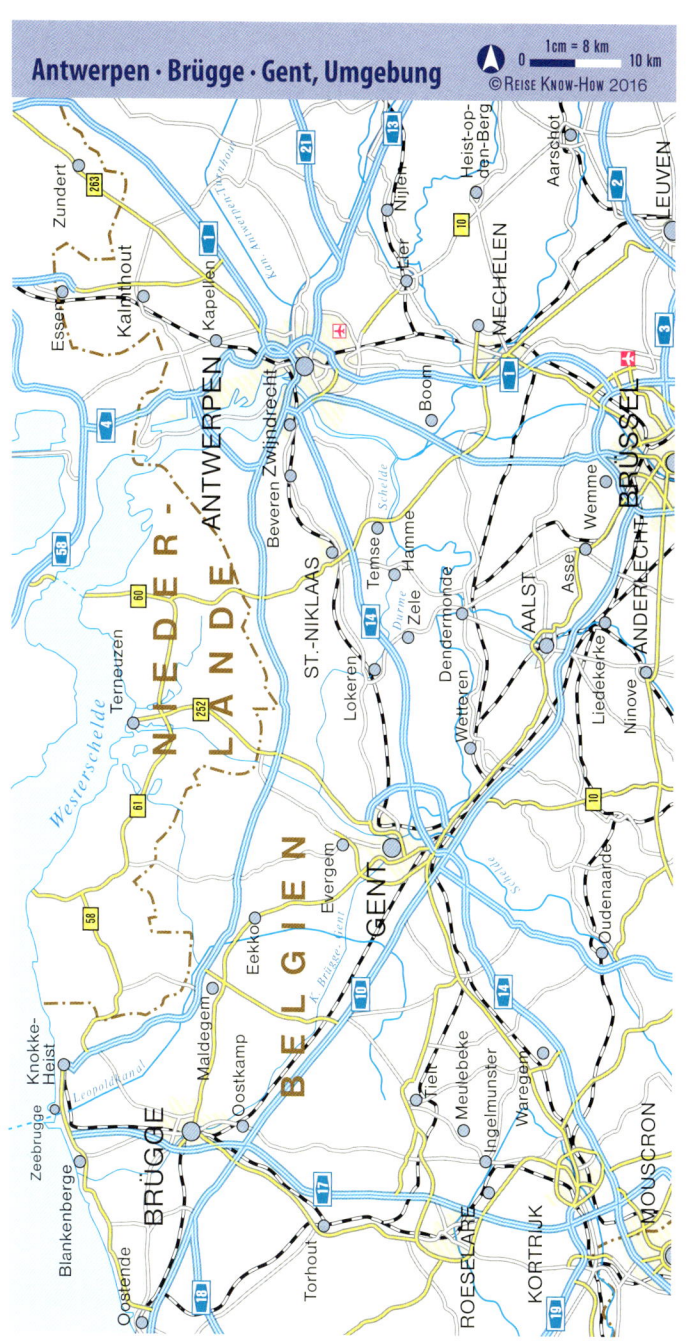

Ohne Brille, Uhr und Handy – der „Umzug des Goldenen Baumes" in Brügge

Gleich kiloweise landet die Schminke auf der Haut. Ein gutes Dutzend Männer und Frauen färben seit Stunden Gesichter. Schlichte Büromenschen werden auf diese Weise „geadelt", verwandeln sich in Herzog und Prinzessin, Kaiser und Königin. Aus Arbeitern werden burgundische Höflinge, aus Schulmädchen flandrische Kammerzofen. Auf meterhohen Stelzen erscheinen Gaukler und fahrendes Volk, Jongleure und Artisten, die mittelalterlichen Wegbereiter moderner Unterhaltungskunst.

Alle fünf Jahre spielt Brügge große Geschichte. Beim „Umzug des Goldenen Baumes" lebt seine Glanzzeit noch einmal auf, findet die **Vermählung der Prinzessin Margaretha von York,** *der Schwester des englischen Königs,* **mit dem Burgunder-Herrscher Karl dem Kühnen** *ihre Neuauflage. Im silbernen, edelsteinbesetzten Brokat zog die Braut im Sommer 1468 in Brügge ein. Die Hofdamen der damals 22 Jahre alten Auserwählten kamen auf weißen Pferden und großen Wagen mit den Wappen von England und Burgund.*

Unbeschreiblicher Prunk machte die Vermählung zu einer **Bilderbuchhochzeit.** *Aus ganz Europa waren Diplomaten und Wirtschaftslenker angereist, die sich von Karls dritter Ehe einiges versprachen. Unter Glockengeläut zog die Gesellschaft durch die mit Triumphbögen geschmückte Stadt. „Man kann sicher sein", schrieb der Organisator des Festes, „dass die Bürger von Brügge noch ihren Kindern und Kindeskindern von den Wundern dieser Tage erzählen".*

Ein halbes Jahrtausend später inszenierte man das Fest aufs Neue und legte so den Grundstock für **Belgiens wichtigstes Historienspiel.** *Gut 2000 Akteure sind es inzwischen, die dem Spektakel Leben einhauchen: Reiter, Fahnenträger, Musiker, Sänger und viele Hundert Tänzer und Tänzerinnen, die für choreografische Einlagen sorgen.*

092fl Abb.:

Zur richtigen Zeit am richtigen Ort

Die Lebenslust der Flamen spiegelt sich auch in ihrem Festkalender. Angeblich gibt es nirgends sonst so viele Festivals pro Einwohner wie in Flandern. So vergeht im Sommer kein Wochenende, an dem nicht irgendwo gefeiert wird. Manche Angebote wie der nur alle fünf Jahre stattfindende Umzug des Goldenen Baums in Brügge sind ganz auf Touristen zugeschnitten, andere wie die Heilig-Blut-Prozession Ausdruck jahrhundertealter Volksfrömmigkeit. Publikumsrenner sind der Rubensmarkt zu Mariä Himmelfahrt in Antwerpen und die Gentse Feesten im Juli.

Frühling

- **Brügge: Bierfestival.** Mehr als 80 Brauer aus Belgien und den Niederlanden offerieren ihre besten Biere (Februar, www.brugsbierfestival.be).
- **Gent: Genter Floralien.** Belgiens größte Blumen- und Gartenschau (alle fünf Jahre im April, nächstes Mal 2021, www.floralien.be).
- **Brügge: Heilig-Blut-Prozession (Christi Himmelfahrt).** Religiöser Umgang mit großer Tradition (Mai, Exkurs s. S. 70, www.holyblood.com).

Sommer

- **Brügge: Cactus Music Festival.** Freiluftfestival im Minnewaterpark mit Auftritten internationaler Stars (Juli, www.cactusfestival.be).
- **Gent: Gentse Feesten.** Zehntägiges Volksfest in der Innenstadt, mit zwei Millionen Besuchern jährlich das größte Kulturereignis der Region zum Nulltarif. Täglich Livekonzerte auf allen großen Plätzen der Stadt, Open-Air-Discos, Comedy, Puppentheater usw. (Mitte Juli, https://gentsefeesten.stad.gent).
- **Gent: Patersholfeesten.** Straßenfest im Szeneviertel Patershol, Musik und Tanz (August, www.patershol.org).
- **Antwerpen: Rubensmarkt.** Die ganze Innenstadt ist ein einziger Markt, mit großem Rummel (15. August, www.antwerpen.be).
- **Brügge: Umzug des Goldenen Baumes.** Belgiens vielleicht schönster historischer Umzug (alle fünf Jahre im August, nächster Termin: 2017, Exkurs s. S. 12).
- **Antwerpen: Zomer van Antwerpen.** Riesiges Straßenfestival am Schelde-Ufer, viel Musik und Theater (Juni/Juli/August, www.zomervanantwerpen.be).

Herbst, Winter

- **Gent: Ode Gent.** So heißt ein eintägiges Festival, bei dem mehr als 100 Konzerte stattfinden – von Klassik bis Jazz (September, www.gentfestival.be).

Allgemeine Feiertage

- 1. Januar: Neujahr
- Ostersonntag und -montag
- 1. Mai: Tag der Arbeit
- Christi Himmelfahrt
- Pfingstsonntag und -montag
- 11. Juli: Feiertag der Flämischen Gemeinschaft
- 21. Juli: Belgischer Nationalfeiertag
- 15. August: Mariä Himmelfahrt
- 1. November: Allerheiligen
- 11. November: Gedenktag zum Ende des Ersten Weltkriegs (11.11.1918)
- 25. Dezember: Weihnachten

Das gibt es nur in Flandern

> *Waterzooi: Ein Eintopf ist das Lieblingsgericht vieler Flamen. Was einst als Armeleuteessen galt, ist heute salonfähig. In Gent wird Waterzooi in vielen Lokalen serviert, mal traditionell mit Fisch, meist aber mit Huhn oder Fleisch (s. S. 18). Unbedingt einmal probieren!*

> *Genter Altar: Kaum ein anderes flämisches Kunstwerk hat die Welt mehr bewegt als das Altarbild in der St.-Bavo-Kathedrale ㉑. Zur Zeit wird das Werk auf Hochglanz gebracht. Dabei kann man den Restauratoren bei ihrer Arbeit über die Schulter schauen (s. S. 91).*

> *Veggiestadt Gent: Jeden Donnerstag verzichtet Gent auf den Genuss von Fleisch! Kantinen und Hochschulmensen servieren dann meist Gemüse. Auch viele Hotels und Restaurants beteiligen sich an der weltweit beachteten Aktion (siehe Exkurs S. 111).*

> *ModeNatie ⑪: Ein ganzes Haus nur für Mode! Boutique, Bibliothek, Buchshop und Museum geben Einblick in Trends und Entwicklungen der Modebranche. Wer wissen will, warum Antwerpen in Sachen Mode inzwischen zusammen mit New York, London, Paris und Mailand genannt wird, erfährt es hier.*

> *Rubenshaus ⑤: Besuch beim Meister des flämischen Barock. Liebevoll hat man sein Wohnhaus, Atelier und Garten wieder aufgebaut. Wer Peter Paul Rubens und einige seiner Bilder näher kennenlernen will, ist hier an der richtigen Stelle.*

> *Heilig-Blut-Prozession: Flämische Volksfrömmigkeit vom Feinsten! Einmal jährlich tragen die Bürger Brügges ihre Heilig-Blut-Reliquie durch die Straßen, einen alten Schrein von unschätzbarem Wert. Die Prozession an Christi Himmelfahrt krönt das Festleben der Stadt (siehe Exkurs S. 70).*

> Antwerpen: Laundry Day. Dance-Festival im alten Hafenviertel 't Eilandje ⑭ (September, www.laundryday.be).

> Gent: Internationales Filmfestival Flandern. Flanderns wichtigster Cineastentreff (Okt., www.filmfestival.be).

> Gent: Sechstagerennen. Belgiens populärer Radsportklassiker mit internationaler Beteiligung (November, www.sport.be).

> Antwerpen, Brügge, Gent: Weihnachtsmärkte (Dezember). In Gent ist die Sint-Baafsplein [III E5] weihnachtlicher Anziehungspunkt, hier bilden rund fünfzig Hütten ein kleines Weihnachtsdorf. Im Schatten der Liebfrauenkathedrale ⑦ stimmt sich Antwerpen auf das Fest ein.

Und mit gleich zwei Weihnachtsmärkten auf dem Markt ⑰ und dem Simon-Stevin-Plein [II D7] wartet Brügge auf.

> Brügge: December Dance. Zehntägiges Tanzfestival mit renommierten Ensembles (Dezember, www.concertgebouw.be).

▷ *Im Sommer gibt es Kultur im Freien wie hier bei einem Straßenfest in Gent*

Flandern für Citybummler

Citybummler kommen in Flandern immer auf ihre Kosten! So lockt **Antwerpen als Hafen-, Kunst- und Modemetropole mit rund 2000 Cafés und Restaurants**. Viele ballen sich um die Liebfrauenkathedrale ❼ in der Innenstadt. Wer ausgehen will, ist aber längst nicht mehr auf das Kneipenviertel um Belgiens größtes Gotteshaus angewiesen. Mit Het Zuid ⓭ im Süden und 't Eilandje ⓮ im Norden rund um die alten Hafenanlagen gibt es neue In-Viertel, die vor allem an heißen Sommerabenden aus allen Nähten platzen.

Auch Kunstfreunde sind in diesen Quartieren gut aufgehoben. So finden sich im Süden das wegen Renovierung derzeit geschlossene Königliche Museum der Schönen Künste (s. S. 48) und das Museum für Gegenwartskunst (M HKA, s. S. 61). Im Norden locken Willem- und Bonapartedock, zwischen denen mit dem Museum aan de Stroom (MAS) ⓯ Antwerpens vielseitigstes Museum liegt. Und nur ein paar Schritte weiter erinnert das Red Star Line Museum (s. S. 61) an die unzähligen Menschen, die von Antwerpen aus in die neue Welt auswanderten.

Einkaufsbummler haben die Qual der Wahl: Wer exklusive Kleidung sucht, sollte sich in den Boutiquen rund um das Modemuseum (s. S. 61) umsehen. Die gängigen Markenboutiquen und Labels finden sich entlang der Meir ❹, der breiten Einkaufsmeile zwischen Hauptbahnhof und Liebfrauenkathedrale. Glanzlichter im wahrsten Sinn des Wortes sind der Stadsfeestzaal (s. S. 56), eines der **Aushängeschilder belgischer Shoppingkultur**, und das Paleis op de Meir, ein prächtiger Rokokopalast. Wer dagegen ein stilleres Plätzchen sucht, findet mit dem Stadspark [I G8] und dem Botanischen Garten Oasen der Ruhe mitten im Häusermeer.

Flandern für Citybummler

Mit dem Minnewaterpark und dem angrenzenden Beginenhof ❷❸ besitzt auch **Brügge** eine kleine grüne Lunge. Wer im „Venedig des Nordens" aber wirklich Ruhe sucht, muss den Stadtkern verlassen. Millionen Besucher nämlich stillen hier auf engstem Raum jährlich ihren Hunger nach Geschichte. Brügge ist ein Gesamtkunstwerk, **das seinen Reiz vor allem nachts entfaltet**, wenn warmes Lampenlicht den Grachten mit ihren Brücken und benachbarten Häusern eine besondere Atmosphäre verleiht. Da mischen sich Melancholie und Romantik, eine Stimmung, von der sich Maler und Literaten über Jahrhunderte inspirieren ließen.

Wie die Gondelfahrt zu Venedig gehört auch in Brügge eine **Bootstour** zu den Höhepunkten (s. S. 73). Wer jedoch das echte Brügge spüren will, muss sich in die **Viertel am Stadtrand** aufmachen, in schmale Seitengassen eintauchen, die nicht von Schokoladenläden und Souvenirgeschäften dominiert werden. Ecken, die wirklich zum Bummeln, nicht zum permanenten Shoppen einladen.

Die vielleicht **interessanteste Stadt für alle Citybummler** könnte **Gent** sein, weil sie nicht wie Brügge touristisch herausgeputzt oder wie Antwerpen von internationalem Flair geprägt ist. Gent ist Belgien pur! Eine Stadt, in der die Flamen den Ton angeben, nicht die Touristen wie in Brügge, auch nicht Handel und Wirtschaft wie in Antwerpen. Citybummler fühlen sich in einer der größten Fußgängerzonen Belgiens besonders aufgehoben. Sie umfasst fast den ganzen historischen Kern des „Manhattan des Mittelalters", wie Gent wegen der hohen Kirchtürme oft genannt wird.

Neben dem Vrijdagmarkt ❸❷ sind der Sint-Baafsplein [III E5], den der mächtige Belfried ❷❾ und die Kathedrale St. Bavo ❷❼ säumen, und seit Neuestem auch die neue Stadthalle, ein architektonisches Meisterwerk, die wichtigsten Treffpunkte der Stadt. Von seiner Bilderbuchseite zeigt sich Gent an seinen **Uferpromenaden Korenlei und Graslei** ❸❺. Hier treffen sich die Citybummler zu einem Espresso oder einem belgischen Bier und hier starten auch die Boote zu ihren Rundfahrten vorbei an den steinernen Zeugen der Stadtgeschichte wie der Burg Gravensteen ❸❹.

Das Herz des modernen Gent schlägt freilich im Süden der Stadt, im **Universitätsviertel** ❹⓪, wo sich kleine Cafés, Restaurants, Kinos und Geschäfte ballen. Zehntausende von Studenten haben dem Quartier in den letzten Jahren vor allem abends neues Leben eingehaucht.

Flanderns Städte zum Träumen und Entspannen

Ja, auch in den großen Städten Flanderns gibt es Plätze zum Träumen und Entspannen, **grüne Oasen der Ruhe**, die man freilich ein bisschen suchen muss.

So lockt in **Antwerpen** der **Stadspark** [I G8], ein grünes Dreieck mitten im Häusermeer. Jogger lieben ihn ebenso wie Mütter und Väter, die mit ihren Kindern spielen – und Hundebesitzer, die mit Plastikbeuteln in der Hand und ihren Lieblingen an der Leine hier ihre Runden drehen. Bäume, Sträucher und Rasen säumen die großteils asphaltierten Wege, aber auch zahlreiche Teiche, in denen sich Enten und andere Wasservögel sichtbar wohlfühlen. Die vielen Denkmäler im Park, die an große und kleine Momente der Stadtgeschichte erinnern, vermitteln ein wenig von der goldenen Zeit Antwerpens.

Außergewöhnliche Blumen, Bäume und Sträucher prägen Antwerpens **Botanischen Garten** (Leopoldstraat 24 [I F8], tgl. 8–17.30 Uhr), der ebenfalls mitten in der Stadt, nur ein paar Schritte vom geschäftigen Einkaufsviertel Meir entfernt liegt. Gut zweitausend verschiedene Pflanzen finden sich dort. Ruhezonen finden Antwerpen-Reisende aber auch im **Beginengarten** aus dem 16. Jh. (Rodestraat 39 [I G6]).

Brügge bietet mit dem **Koningin Astrid Park** [II E7] eine Alternative zum meist überlaufenen Minnewaterpark ❷❸. Hier trifft sich tagsüber die Jugend zum Frisbeespielen und anderem Freizeitsport. Ruhiger ist es ein paar Minuten weiter Richtung Nordosten, wo eine Festungsanlage die Altstadt begrenzt, ein grüner Hügel, von dem man einen schönen Blick auf die mittelalterliche Kulisse der Stadt hat. Obenauf stehen **Brügges** bekannte **Windmühlen**, die manche Postkarte zieren. Zwei davon kann man besichtigen: die aus dem 18. Jh. stammende **St. Janshuismolen** [II F5] und die **Koeleweimolen** [II F4]. Die erste steht Besuchern von April bis September offen; die zweite öffnet ihre Tore nur im Juli und August (Di.–So. 9.30–12.30 u. 13.30–17 Uhr, Koeleweimolen nur 12–16.30 Uhr, 3 €).

Gents grüne Vorzeigeoase ist der **Citadelpark** [III D/E9], ein 16 ha großes Freizeitareal ganz in Bahnhofsnähe. Er ist nach der größten Zitadelle benannt, die hier im frühen 19. Jh. zur Verteidigung der Stadt angelegt wurde. Die Militäranlagen verschwanden jedoch 1913 mit der Weltausstellung. Heute ist der Citadelpark ein wunderschöner Park im englischen Landschaftsstil, der seit 1984 mit seinen Wiesen, Bächen und künstlichen Wasserfällen unter Naturschutz steht.

Nur ein paar Schritte weiter findet sich mit dem **botanischen Garten der Universität** in der K. L. Ledeganckstraat 35 ein weiteres grünes Juwel (Mo.–Fr. 9–16.30 Uhr, Sa./So. 9–12 Uhr), das ebenfalls öffentlich zugänglich ist. Tausende, zum Teil sehr seltene Pflanzen wachsen hier, fast alle wissenschaftlich ausgeschildert. Ein Hort der Ruhe und der Erkenntnis, in dem man sich vom anstrengenden Museumsbesuch – Gents wichtigste Sammlungen liegen in unmittelbarer Nähe – erholen kann. Sonntagmorgens zwischen 11 und 12 Uhr ist zudem das Kakteenhaus geöffnet.

◁ *Brügge: Idylle im Koningin Astrid Park*

Flandern für Genießer

„Lekkerbekken" – „Schleckermäulchen" – heißen die Flamen nicht zu Unrecht, denn kaum ein anderes Volk Europas legt so viel Wert auf gutes Essen und Trinken. Rechnet man die Sterne der großen Gourmetführer auf Einwohner um, gibt es in Flandern mehr ausgezeichnete Feinschmeckertempel als im benachbarten Frankreich. Wer Brügge, Antwerpen und heute vor allem Gent besucht, ist so auch immer auf kulinarischer Entdeckungsreise. Dutzende feiner Restaurants offerieren das Beste aus Küche und Keller. Fleisch, das auf weiten grünen Wiesen und Weiden vor der Haustür erzeugt wird, und Fisch oder Meeresfrüchte aus der nahen Nordsee. Dazu Kartoffeln, Gemüse und andere Beilagen aus der Region.

Das alles hat seinen Preis, aber **die Flamen geben für gutes Essen auch gern gutes Geld aus.** Für die Einheimischen ist der Restaurantbesuch vor allem am Wochenende so viel Wert wie ein Theaterabend, weshalb die **großen Köche wie Stars verehrt** werden. Stundenlang zelebrieren die Flamen das Essen, aus (nahezu) jeder Mahlzeit wird ein Festmahl. Zwischen England und den Niederlanden erscheint Flandern als kulinarisches Bollwerk, als wollten die Menschen dort allen in Europa zeigen, dass nicht nur die Südländer gutes Essen für sich gepachtet haben. Diesem Trend tragen auch die Mitglieder der Flemish Foodies Rechnung, einer kleinen Gemeinschaft junger und wilder Köche, die vor allem in Gent zu Hause sind und mit ganz kleinen Speisekarten und immer frischen, meist regionalen Zutaten von sich reden machen.

Flanderns Küche

Groß ist die Bandbreite in Flanderns Küche, wo heute immer häufiger **frische Naturprodukte** zur Verwendung kommen – Fisch und Fleisch gleichermaßen, die ihre besondere Note nicht selten durch einen Schuss Bier erhalten. Garnelen, Scholle und Seezunge, Hering, Kabeljau und Schellfisch liefert die nahe Nordsee. Auch Ente, Huhn, Fasan und Hase stehen gern auf dem Speiseplan – hin und wieder Pferd, das besser schmeckt, als viele glauben. Vor allem in Antwerpen findet man das **Pferdefleisch** (Paardevlees) gelegentlich auf den Speisekarten, etwa im Restaurant Ciro's (s. S. 58), wo es einst als „Filet d'Anvers" zu den Spezialitäten gehörte.

Mit veränderten Essgewohnheiten aber wandelt sich langsam auch **Flanderns traditionelle Küche.** In Gent etwa, wo man früher die sogenannte *Peerdeluukworst* schätzte, eine aus Pferdeblut gefertigte Wurst, muss man heute lange danach suchen. Auch der *Hoofdvlak*, ein Schweinskopf, der gewöhnlich mit viel Senf verspeist wird, ist so gut wie ganz von den Karten der Restaurants verschwunden.

Dagegen feiert ein anderes Traditionsgericht kulinarische Renaissance: Der gute alte Eintopf, der in immer neuen Varianten angeboten wird und in Belgien **Waterzooi** heißt. Ein Blick in seine Geschichte zeigt, dass er früher mit Kalb- und Hühnerfleisch, aber auch mit Aal, Karpfen oder Krabben offeriert wurde. Heute wird er in der Regel nur mit Huhn serviert. *Waterzooi* übersetzt man am besten mit „kochendes Wasser", ist das flandrische Traditionsgericht doch eine Mischung aus Suppe und

Smoker's Guide

In Belgien gilt an allen öffentlichen Orten wie Bahnhöfen oder Flughäfen **Rauchverbot**. Auch in Restaurants, Cafés, Diskotheken oder Kasinos ist das Rauchen nicht mehr erlaubt. Tabakfreunde müssen sich, wie inzwischen fast überall in Europa, gewöhnlich zum Rauchen ins Freie begeben!

Eintopf. So werden zur Fleischeinlage meist Kartoffeln und saisonales Gemüse beigegeben, dazu Gewürze, die jeder Koch individuell dosiert.

Ein gutes Essen rundet ein Stückchen Käse ab. Allein zwanzig verschiedene **Ziegenkäse** werden heute in Flandern hergestellt, unter denen der *Hinkelspel* in Gent zu den besten gehört. Dazu mundet auch *Brugs Beschuit,* ein leicht gewürzter, süßer Zwieback. Zur Verdauung schließlich gehört neben einem mehr oder minder starken Kaffee vor allem in Gent und Antwerpen ein heimischer **Kräuterlikör**, ein „Elixir d'Anvers" oder ein „Elixir Oud Gent", beides sozusagen belgische Jägermeister auf der Basis vieler verschiedener Heilpflanzen.

Für Touristen unübersehbar ist das Angebot an **Miesmuscheln** *(Mosselen),* die meist auf großen Schiefertafeln in allen Varianten und zu allen Preisen offeriert werden und als eine Art Nationalgericht gelten. Sie kommen im Sud oder mit Käse überbacken auf den Tisch und werden in der Regel immer von einer großen Portion **Pommes frites** begleitet, die auf flämisch *pattatekes* heißen, „kleine Kartoffeln". Überhaupt werden Kartoffeln zu fast allen Hauptgerichten serviert. Außerdem wird Gemüse gereicht. Das **heimische Gemüse**, allen voran der Chicorée, kommt zunehmend auch den Vegetariern zugute. Auf sie haben sich nicht nur Fast-Food-Ketten wie EXKI eingestellt, sondern auch immer mehr kleine Restaurants wie das Avalon in Gent (s. S. 110), das vegetarische Küche fast schon auf Sterne-Niveau zelebriert.

Für den schnellen Happen zwischendurch empfehlen sich Pita- und Dönerbuden, Pizzastände und Snackstationen, die belegte Brote und Bratwürste anbieten. Besonders beliebt in Antwerpen ist die Currywurst, die dort *Hollandse frikandel* genannt wird. Am liebsten jedoch machen die Einheimischen – und inzwischen auch immer mehr Touristen – an der *Frituur* Halt, **Belgiens traditionsreichen Pommesbuden.**

Graslei 35 *und Kraanlei in Gent locken Hungrige und Durstige*

Rezept für Belgiens Lieblingsgericht: Muscheln mit Weißweinsoße

Zutaten (für 4 Personen):
4 kg Muscheln
2 Zwiebeln
1 Möhre
2 Stangen grüner Sellerie
1/2 Bund Petersilie
1 kleiner Zweig Thymian
1 Lorbeerblättchen
1/2 Teelöffel Currypulver
20 g Butter
Salz und Pfeffer
2 dl trockener Weißwein

Zubereitung:
Zwiebeln, Möhre und Sellerie in grobe Stücke schneiden, kurz in Butter rösten und bei geschlossenem Deckel drei Minuten schwitzen lassen. Die gut gereinigten Muscheln in den Topf geben. Lauch, Thymian und Petersilie darauf legen und mit ausreichend Pfeffer und Curry würzen. Mit dem Weißwein übergießen und bei geschlossenem Deckel zum Kochen bringen. Die Muscheln mehrfach aufschütteln. Sie sind erst gar, wenn die Schalen offen sind.

(Quelle: Tourismus Flandern)

Gastro- und Nightlife-Areale
Bläulich hervorgehobene Bereiche in den Karten kennzeichnen Gebiete mit einem dichten Angebot an Restaurants, Bars, Klubs, Discos etc.

Freitag ist Frittentag

Kenner schätzen die belgischen Pommes frites als die besten der Welt. Viele Hundert *Frietkots*, Frittenbuden, stillen inzwischen den Appetit der Flamen auf die knusprigen, goldgelben Stäbchen. Für viele Belgier ist der **Freitag längst Synonym für einen Frittentag**. Zum Abschluss der Woche und vor dem ausgiebigen Wochenendessen hat sich das bei einigen Zeitgenossen so eingebürgert. Mehr als dreißig verschiedene Soßen, deren Rezepte sorgsam gehütet werden, vom Klassiker Mayonnaise bis zu schärfsten Exoten, lassen die Kartoffelsnacks besonders munden.

Anders als in den meisten Ländern werden die Pommes in Flandern nicht einmal, sondern **zweimal gebacken**. Hierzu benötigt man aber besonders gute Kartoffeln, die in Stäbchen von zehn bis zwölf Millimeter Breite geschnitten werden. Bevor sie erstmals in die Friteuse wandern, nehmen sie in der Regel noch ein Bad im kalten Wasser, das ihnen überschüssige Kartoffelstärke entziehen soll.

Für den ersten Frittiervorgang wird das Fett auf 120 bis maximal 140 °C erhitzt. Darin lässt man die Kartoffelstückchen einige Minuten schwimmen. Beginnen sie an der Oberfläche leicht zu brodeln, nimmt man sie vorsichtig aus dem Fett und lässt sie mindestens eine halbe Stunde lang auskühlen, ehe sie erneut in die Friteuse wandern. In dem mit 180 °C nun deutlich heißeren Fett lässt man die vorfrittierten Pommes schließlich drei bis vier Minuten knusprig backen.

Pommesbuden sind in Belgien seit einigen Jahren auch **offiziell zertifiziert**. So prangen vor Betrieben, die ausschließlich frische Kartoffeln verarbeiten, also keine tiefgefrorenen

Flandern für Genießer

Fritten verwenden, Schilder mit der Aufschrift „Ambachtelijke Friet", was so viel wie „hausgemachte Pommes" bedeutet.

Umstritten ist, wer die Pommes frites erfunden hat. Lokalpatrioten wollen wissen, dass man bereits Ende des 17. Jh. Kartoffeln frittiert habe.

Kannte man anfangs nur Pommes mit Salz, kamen in den 1930er-Jahren die ersten Soßen dazu. In den 1950er-Jahren servierte man zu den Kartoffeln dann auch saure Muscheln, Schmorfleisch, hartgekochte Eier, Gewürzgurken, Frikadellen oder Zervelatwurst. Inzwischen bieten die *Frietkots* als Beilagen auch Saté-Spieße, Bami-Scheiben, Fischstäbchen, Currywurst, Garnelen-, Käse- und Fleischkroketten, ja sogar Chicken Wings und Hamburger. Die **Kombination aus Fritten und Miesmuscheln** in den Wintermonaten ist gar zum Nationalgericht geworden (Rezept siehe links).

Was die Gestaltung der Pommes angeht, sind die Belgier Traditionalisten. Sie schwören in der Regel noch immer auf die bis heute klassische Stäbchenform. Das gilt auch für die Papiertüte, flämisch *Puntzak*, in denen die Pommes traditionell serviert werden. Kaum verändert hat sich auch die Gewohnheit, die Fritten mit den Fingern zu essen. Wer das nicht mag, greift auf kleine Gabeln zurück – das einzige Essbesteck, das man in den Pommesbuden kennt. Anfangs waren die Gabeln aus Holz, heute mehr und mehr auch aus Plastik.

Fritten sind die Leibspeise vieler Flamen. Traditionell werden sie in einer Papiertüte serviert.

Die ältesten Gabeln sind längst museumsreif – wie auch die Inneneinrichtungen alter *Frietkots*. So kann man in Brügge die Geschichte der Pommes in einem eigenen Museum, dem **Frietmuseum** (s. S. 86) verfolgen. Und in Antwerpen lädt **eine der ältesten und bekanntesten Frittenbuden Flanderns, Fritkot Max** am Groenplaats, zum Blick in die Kartoffelhistorie ein. Während im Erdgeschoss in traditioneller Art Pommes mit mehr als einem Dutzend Soßen in Papiertüten und mit Holzgabeln serviert werden, gibt es einen Stock höher von Fritten inspirierte moderne Kunstwerke zu sehen.

1 [I E7] **Fritkot Max,** Groenplaats 12, **Antwerpen,** www.fritkotmax.be, Tel. 09 5213580, tgl. 12 – 24 Uhr

Flandern für Genießer

Bier – Belgiens Nationalgetränk

Bier ist nicht gleich Bier. In keinem anderen Land der Welt gilt diese Weisheit mehr als in Belgien, wo der Gerstensaft Nationalgetränk ist. Unbeschreiblich groß ist die Vielfalt der Angebote: So stellen viele Hundert kleinste und große Brauereien heute mehrere Tausend verschiedene Biere her, von denen ein großer Teil in alle Welt exportiert wird.

Vor allem die Flamen eint die Liebe zum Gerstensaft, der in vielen Tausend Betrieben zum Ausschank kommt. Manche servieren spezielle Bier-Menüs – Mahlzeiten, bei denen zu jedem Gang ein passendes Bier gereicht wird. In der Regel haben die meisten Wirte **ein bis drei Dutzend verschiedene Biere im Ausschank**, ein Teil davon direkt vom Fass.

Wenn man einfach nur ein Bier bestellt, erhält man in Flandern gewöhnlich ein Pils. Meist aber wird man nach der gewünschten Sorte gefragt und damit beginnt die Qual der Wahl. Gute Gastronomen haben oft mehr als 50 verschiedene Sorten vorrätig, manche sogar weit mehr als 100! So lädt „Brugs Beertje" in der Brügger Kemelstraat fast täglich zu einer Reise durch Belgiens Bier-Universum. Es gibt gleich fünf verschiedene Sorten immer wieder wechselnd vom Fass. Und auch in Gent und Antwerpen finden sich genug Lokale, die den Weg in den Bierhimmel ebnen.

„Im Leben ward ich Gambrinus genannt, König von Flandern und Brabant. Ich hab aus Gersten, Malz gemacht – und Bierbrauen zuerst erdacht. Drum können die Brauer mit Wahrheit sagen, dass sie einen König zum Meister haben." Dieser Spruch erinnert an den Bierkönig Gambrinus, in dem Lokalpatrioten einen im Mittelalter regierenden, immer durstigen Herrscher sehen wollen: Herzog Jan I., dessen Name „Jan Primus" zu „Gambrinus" verballhornt wurde. Für die Wissenschaft freilich ist Flanderns Bier-König genauso legendär wie die ihm zugeschriebene Erfindung der Braukunst. Eher erinnert Gambrinus an das Wort „Cambarius", mit denen die Kelten ihre Brauer bezeichneten, die mittelalterlichen Mönche später ihren Kellermeister.

Wie auch immer: **Schon zu Caesars Zeiten** brauten Gallier und Germanen ein Bier, das zum Teil mit Bilsenkraut oder anderen Stimmungsaufhellern angereichert wurde. Wer die Geschichten um Asterix und Miraculix kennt, weiß das längst. Auch im Mittelalter, als jährlich bis zu 500 Liter Gerstensaft pro Kopf durch die durs-

⌐ Bier ist nicht gleich Bier, im Angebot sind unzählige Sorten

tigen Kehlen der Flamen rannen, war Bier eine Alternative zum Wasser. In Pestzeiten rettete der Biergenuss gar Leben, war Bier doch im Gegensatz zum Wasser nicht verseucht.

Im Lauf der Jahrhunderte wurde die **Bierherstellung immer feiner und vielfältiger,** kam zur Gerste der Hopfen. Doch während in Deutschland anno 1516 mit dem bis heute gültigen Reinheitsgebot die Freiheiten der Brauer drastisch eingeschränkt wurden, experimentierten Belgiens Brauer munter weiter. Vor allem in den Trappisten-Klöstern ersann man **immer neue Zutatenkombinationen,** die noch heute Weltruhm genießen und wegen ihres Alkoholgehalts von teilweise über 10 Vol.-% geschätzt werden. Andere Biere haben eine zweite Gärung in der Flasche mitgemacht und werden wie Sekt mit besonderen Korken verschlossen.

Sorten wie das „Lambiek" (franz. Lambic), das als eines der ältesten der Welt gilt, reifen wie Wein über Jahre in Eichentonnen und Flaschen. Andere Biere wie das spontangärige „Faro" werden mit Kandiszucker gesüßt. Mit Vorliebe werden die Gerstensäfte auch mit Früchten wie Kirschen, Himbeeren, Erdbeeren, Pfirsichen oder Schwarzen Johannisbeeren verschnitten, ja sogar mit Bananen, Ananas, Aprikosen, Mirabellen und Zitronen. Daraus werden Biere, die – wie die Marketingexperten der Brauhäuser wissen wollen – vor allem Frauen schätzen. Wieder andere Biere werden mit Koriander oder anderen Gewürzen angereichert, was ihnen ebenfalls einen individuellen Geschmack verleiht.

Bierfreunde kommen in allen flandrischen Städten auf ihre Kosten, laden doch kleine und große Brauereien überall zum Probieren ein. In Antwerpen ist es die Brauerei „De Koninck", deren helles und dunkles Ale überall in der Stadt ausgeschenkt wird. „De Halve Maan" heißt Brügges Hausbrauerei und in Gent ist es die Stadtbrauerei „Gruut", die nicht nur Eigengebrautes serviert, sondern Interessierte auch gern durch ihre Anlagen führt.

Kleine Mengen Selbstgebrautes gibt es auch in der **Fort Lapin Brauerei** in Brügge, Koolkerkse Steenweg 32 [II F4], die unter anderem ein fruchtiges Triple-Bier aus belgischem Hopfen mit 8 Prozent Alkohol oder noch Hochprozentigeres braut. Samstagmittags empfängt man auch hier Gäste zur Brauereibesichtigung (ab 4 Personen).

EXTRATIPP

Bier zum Essen

Wie Räder und Felgen gehören in Belgien auch gutes Essen und Bier zusammen. So wird in manchem Restaurant zu jedem Hauptgang ein neues Bier serviert, zu Fisch und Fleisch ebenso wie zum Käse und zur Nachspeise.

Hier eine kleine Auswahl ausgesuchter Lokale, die sogenannte Bier-Menüs servieren:

❷ [III D5] **Belga Queen,** Graslei 10, **Gent,** www.belgaqueen.be, Tel. 09 2800100, tgl. 12–14.30 und 18.30–23 Uhr

❸ [II D7] **Bierbrasserie Cambrinus,** Brügge, Philipstockstraat 19, Tel. 050 332328, www.cambrinus.eu, tgl. 11–23 Uhr

❹ [I G7] **Grand Café Horta,** Hopland 2, **Antwerpen,** Tel. 03 2035660, www.grandcafehorta. be, tgl. ab 9 Uhr (Küche 11–22, Fr. und Sa. bis 23 Uhr)

Bierpuristen mag es angesichts der vielen exotischen Zutaten grausen, die Flamen aber pflegen ihre Bierkultur mit großer Liebe zum Detail. So gibt es **zu den meisten Bieren eigene Gläser**, große Kelche oder schmale Tulpen, die den Charakter des Gerstensaftes erst richtig zur Entfaltung bringen. Eine Renaissance erleben zurzeit die **Hausbrauereien**, selbst wenn ihre Zahl noch längst nicht an früher heranreicht. Ende des 19. Jh. zählten die Statistiker mehr als 3500 unabhängige Brauereien in Belgien.

Immer mehr wird das Bierbrauen auch zum einträglichen Hobby. Alte und Junge, Männer und Frauen, haben die Kunst des Brauens entdeckt und zaubern einmal monatlich ihr eigenes Bier auf den Tisch. Das passende Zubehör für die Herstellung gibt es längst im Internet! Und längst Mode geworden ist es auch – ähnlich wie die Winzer bei der Fertigung ihrer Cuvées – verschiedene Biersorten zu einer neuen Edelmarke zusammenzuschütten. Das ist Kult, aber gewöhnungsbedürftig!

Wer selbst einmal ein **Brauhaus** kennenlernen will, ist in den flandrischen Städten dieses CityTrips am richtigen Platz. Folgende Brauereigaststätten, die alle auch zum Bier passende kalte und warme Speisen anbieten, sind für eine Bierverkostung besonders empfehlenswert:

5 [I G11] **Stadtbrauerei De Koninck,** Mechelsesteenweg 291, **Antwerpen**, Tel. 03 8669690, www.dekoninck.be. Die Brauerei „De Koninck" braut seit Mitte des 19. Jh. das obergärige „De Koninck" und überrascht Bierfreunde mit immer neuen Kreationen. Ein neues Erlebniszentrum (Di.–So. 10–16.30 Uhr) gibt Einblick in die Bierproduktion und lädt zum Probieren ein (12 €). Durch die Ausstellung führt ein Audioguide (auch auf Deutsch).

6 [II D8] **Hausbrauerei De Halve Maan,** Walplein 26, **Brügge**, Tel. 050 444222, www.halvemaan.be, Besichtigung: tgl. 11–16 Uhr, die 45-minütigen Touren werden z. T. auch auf Deutsch angeboten (8,50 €). Von den einst 31 Brauereien ist in Brügge nur noch „De Halve Maan" erhalten geblieben. Anno 1564 wurde sie erstmals urkundlich erwähnt. „Brugse Zot" heißt die Hausmarke des Betriebes.

7 [I C10] **Hausbrauerei 't Pakhuis,** Vlaamse Kaai 76, **Antwerpen**, Tel. 03 2381240, www.pakhuis.info, Ausschank tgl. ab 12 Uhr. Im 't Pakhuis, einem alten Lagerhaus im Süden der Stadt, locken drei Hausbiere. Publikumsrenner ist das unfiltrierte und daher trübe „Antwerps Blond".

8 [III F4] **Stadtbrauerei Gruut,** Rembert Dodoensdreef, **Gent**, Tel. 09 2690269, www.gruut.be, Mo.–Sa. 11–18, So. 14–18 Uhr. Brauereibesichtigung und Bierprobe gegen Entgeld möglich, allerdings sollte man sich vorher anmelden. Wer möchte, kann im Workshop sein eigenes Bier kreieren!

Kulinarischer Tagesablauf

Die **Essenszeiten** in Flandern unterscheiden sich nicht von denen in Deutschland. Tendenziell etwas deftiger als gewohnt ist das **Frühstück** mit Wurst und Käse. Mittags geht man gewöhnlich zwischen 12 und 14 Uhr zum Lunch, abends wird ab 18.30 Uhr gespeist – inzwischen, vor allem im Sommer, aber auch gern später.

Darüber hinaus bieten Bistros, Brasserien und sogenannte *Eetcafés,* eine Art Cafeteria, tagsüber fast **rund um die Uhr kleine Mahlzeiten** an. Dazu gehört oft eine hausgemachte Tagessuppe. *Dagschotel* ist mit einem Stammessen bei uns vergleichbar, ein täglich wechselndes Gericht,

Pralinen – belgische Chocolateriekunst

Für Süßmäuler ist Belgien ein Paradies. Überall in den Städten drängen sich die Confiserien, gilt Schokolade doch bei Belgiern wie bei Urlaubern als beliebtes Mitbringsel. So reiht sich vor allem in Brügge in manchen Straßen ein Süßwarenladen an den anderen.

Die meisten Schokoladengeschäfte gehören zu Ketten wie Leonidas, Godiva oder Neuhaus, die ihre Waren inzwischen europaweit anbieten. Aber es finden sich auch kleine Schokomanufakturen. Dort allerdings muss man auch etwas mehr Geld ausgeben.

*Dass Belgiens Schokolade so beliebt ist, liegt aber auch an ihrer Qualität, die auf einem **speziellen Reinheitsgebot** beruht. Seit die EU die Beimischung von bis zu 5 % Fremdfetten in der Schokolade erlaubt, halten die Belgier an der teuren Kakaobutter fest.*

*Die **populärste Form** der Schokolade ist die **Praline**, die angeblich in Belgien erfunden wurde. Noch immer werden die besten Pralinen in Handarbeit hergestellt. „Maître Chocolatiers" nennen sich die Pralinenspezialisten. So wie Lieven Burie in Antwerpen, der das Kunsthandwerk seines Vaters Hans weiter perfektioniert hat.*

In Brügge und Antwerpen heißt eine der ersten Adressen für Pralinen „The Chocolate Line". Dahinter stecken Dominique und Fabienne Persoone, die mit immer neuen Kompositionen aufwarten. Traditioneller geht es beim Chocolatier Goossens in Antwerpen zu, dessen Cointreau-Trüffel geschätzt werden. Viel gelobt sind auch die Pralinen von Del Rey und van Hoorebeke in Gent, wo man durch einen verglasten Fußboden den Pralinenmachern bei ihrer Arbeit zusehen kann. Neu im Reigen der experimentierfreudigen Chocolatiers ist Nicolas Vanaise, der in Gent mit feinsten Kreationen überrascht und seine Pralinen mit Tabak oder Whisky parfümiert. Zu den ersten Adressen in Brügge zählt Stephan Dumont, der seine Pralinen gern in Schwanenform packt, und ein ehemaliger Chemie-Laborant, der bei Sukerbuyc mit Schokolade experimentiert.

🔒**9** *[I F7]* **Burie,** Korte Gasthuisstraat 3, **Antwerpen,** Tel. 03 2323688, www.chocolatier-burie.be

🔒**10** *[I H7]* **Del Rey,** Appelmanstraat 5, **Antwerpen,** www.delrey.be

🔒**11** *[I G10]* **Goosens,** Isabellalei 6, **Antwerpen,** www.goossens-chocolatier.be

🔒**12** *[I F7]* **The Chocolate Line,** Meir 50, **Antwerpen,** www.thechocolateline.be

🔒**13** *[II D8]* **Chocolaterie Sukerbuyc,** Katelijnestraat 5, **Brügge,** www.sukerbuyc.be

🔒**14** *[II D7]* **Dumont Chocolaterie,** Simon Stevinplein 11, **Brügge,** www.chocolatierdumon.be

🔒**15** *[II D7]* **The Chocolate Line,** Simon Stevinplein 19, **Brügge**

🔒**16** *[III E6]* **Chocolaterie Van Hecke,** Koestraat 42, **Gent,** www.chocolaterievanhecke.be

🔒**17** *[III D5]* **Hilde Devolder,** Burgstraat 43, **Gent,** www.hildedevolderchocolatier.be

🔒**18** *[III E5]* **L. van Hoorebeke,** St.-Baafsplein 15, **Gent,** www.chocolatesvanhoorebeke.be

🔒**19** *[III F6]* **Yuzu by Nicolas Vanaise,** Walpoortstraat 11 a, **Gent**

das auch unter dem Namen *Dagmenu* angeboten wird.

Allgemein gilt: Ein **Tagesmenü** ist fast immer preiswerter als ein dreigängiges À-la-carte-Menü. Viele der bekannten Sterne-Restaurants bieten mittags einen meist sehr guten Businesslunch zu Preisen um 20 € an. Wer Geld sparen und trotzdem hervorragend essen will, sollte deshalb den Mittag nutzen.

Auf ins Vergnügen

Konkrete Empfehlungen zu Einkaufsmöglichkeiten, Gastronomie, Unterhaltung und Museen mit allen praktischen Informationen finden sich für
› **Antwerpen** ab S. 56
› **Brügge** ab S. 82
› **Gent** ab S. 108

Flanderns Städte am Abend

Unterschiedlicher könnte das Nachtleben in den drei Städten kaum sein. In Brügge beschränkt es sich auf eine Handvoll nächtlicher Hotspots, während in Antwerpen und Gent Nachtschwärmer die Qual der Wahl haben. Großstädtisch ist das Nachtleben in Antwerpen geprägt, mit vielen großen Klubs, Theatern und schicken Bars, eher studentisch in Gent, dessen viele Zehntausend Studenten hier abends und nachts – vor allem donnerstags – den Ton angeben. Und in den Szenelokalen geht erst nach Mitternacht so richtig die Post ab – schließlich kennt Belgien keine Sperrzeiten.

Nachtleben

In **Brügge** beschränkt sich das Nachtleben hauptsächlich auf Donnerstag-, Freitag- und Samstagabend. Dann sind Langestraat und Kuiperstraat [II D7] Ziel der Nachtschwärmer, wo eine Reihe von Klubs die Partygänger erwarten. In **Gent** heißt die Amüsiermeile Overpoortstraat [III E8/9], auch hier warten Klubs, Cafés und Kneipen auf Ausgehfreudige.

Dinnershows und Varieté kennt das Nachtleben in **Antwerpen**, vor allem im Rotlichtviertel zwischen St.-Paulusplaats und Verversrui [I E5]. Zu den Ausgehvierteln gehört die Südstadt, das Quartier Het Zuid ⓭ um das Museum der Schönen Künste. In den langen Sommernächten lockt auch Antwerpens Norden, wo sich die Menschen rund um die alten Docks treffen. Und auch im Osten der Stadt, im **multikulturellen Stadtteil Burgerhout** und dem anschließenden Zurenborg, treffen sich immer mehr Nachtschwärmer. Vor allem rund um den Dageraadplaats sind zuletzt viele neue Bars und Restaurants entstanden, die vor allem junge Leute locken.

Vielfältig ist die **belgische Musikszene**. In Gent und Antwerpen treten fast täglich Livebands auf. In Brügge muss man schon länger suchen oder sich einen Tipp geben lassen. Seit die Stadt nämlich unter dem Schutz des Weltkulturerbes steht, haben die Stadtväter dem ungezügelten Feiern den Kampf angesagt. Von Donnerstag bis Samstag ist der Alkoholgenuss auf den Straßen und Plätzen im Ausgeh-Revier verboten.

▷ *Das Red Star Line Museum erzählt die Geschichte vieler Millionen von Amerika-Auswanderern (s. S. 61)*

Theater und Konzerte

Kunst und Kultur wird in Flandern besonders groß geschrieben, das zeigt auch die Theaterlandschaft. Am lebendigsten scheint die Theaterszene in Gent, wo auf jedes klassische Theater ein paar Studentenbühnen kommen sollen.

Auf dem Spielplan stehen Opern und großes Schauspiel, Musicals und Operetten, aber auch Boulevard und Comedy. Ensembles wie die Vlaamse Opera und das Koninklijk Ballet van Vlaanderen bürgen für erstklassige Aufführungen.

Beachtenswert aber sind nicht nur die Inszenierungen. Nach der Renovierung der großen Opernbühnen bietet die Flämische Oper mit ihren Häusern in Gent und Antwerpen auch **sehenswerte Architektur.** Gents Opernhaus zeigt sich heute fast noch immer so wie zu Anfang des 19. Jh.: mit riesigen Kronleuchtern, Marmorsäulen und historischem Glanz. Wie bei seiner Eröffnung im Jahre 1907 präsentiert sich das Opernhaus in Antwerpen als neobarockes Prachtstück, in dem seit damals vor allem Teppiche und Bestuhlung erneuert wurden.

In Gent lockt ein ehemaliger Krankensaal aus dem 13. Jh. heute als Musikzentrum De Bijloke Freunde alter Musik, aber auch Jazzkenner. Seine Eichenholzdecke gehört zu den schönsten Saaldächern Flanderns. Als modernes Gegenstück gilt in Brügge das Concertgebouw, dessen offene und moderne Architektur den Zeitgeist unseres Jahrhunderts verkörpert.

Flanderns Städte für Kunst- und Museumsfreunde

Alte und neue Kunst von Weltrang sowie stadthistorische Prunkstücke, wirkungsvoll präsentiert in Museen, die in den letzten Jahren gründlich renoviert oder ganz neu errichtet wurden – dieses Angebot führt Jahr für Jahr mehr Kulturfreunde nach Flandern. Zehntausende von Gemälden, Installationen aller Art, Skulpturen, Plastiken, Möbel und Textilien geben dort einen fast lückenlosen Überblick über die europäische Kunst vom Mittelalter bis zur Gegenwart.

Flanderns Städte für Kunst- und Museumsfreunde

Seit mehr als einer Dekade arbeiten die drei wichtigsten Einrichtungen – das Museum für Schöne Künste Gent ❹, das Brügger Groeninge Museum ❷ und das Königliche Museum für Schöne Künste Antwerpen (s. S. 48) – unter der Dachmarke **Vlaamse Kunstcollectie** zusammen. Ausstellungen werden gemeinsam geplant, Ankäufe gemeinsam realisiert und die Konservierung und Restaurierung alter Gemälde in Spezialwerkstätten konzentriert.

Mehr als 6000 Gemälde, 40.000 Zeichnungen und 2000 Skulpturen dokumentieren allein in der Vlaamse Kunstcollectie den **künstlerischen Reichtum Belgiens.** Dafür gibt es viele Gründe, war Flandern doch über Jahrhunderte einer der wichtigsten Kulturstandorte Europas. Künstler wie van Eyck und später auch Rubens fertigten fast wie am Fließband für eine Elite, die sich Kunst leisten konnte, vor allem für Klerus und Adel, die mit den Meisterwerken Kirchen und Paläste schmückten. Und schließlich war es auch das neu entstandene Bürgertum, das mit dem Sammeln von Kunst sein Standesbewusstsein zu dokumentierten suchte und Erfolg sowie Wohlstand selbstbewusst nach außen sichtbar machen wollte.

Auf diese Weise entstanden im Laufe der Jahre **zahlreiche private und öffentliche Sammlungen**, die den Grundstock für die flämischen Museen lieferten. Im 19. und 20. Jh. kamen große Schenkungen hinzu, außerdem wurden auf Kunstmessen und Salons bedeutende Werke zugekauft – vor allem Landschaften, Interieurs und Stillleben, wie sie für die flämische Malerei typisch sind. So liegen die **Sammlungsschwerpunkte** in Brügge auf dem 15. und 16. Jahrhundert, in Antwerpen auf dem späten 16. und 17. Jahrhundert, in Gent auf dem 19. Jahrhundert. In Gent setzt man mit dem Museum für Zeitgenössische Kunst (S.M.A.K.) ❹❷ zudem einen Schwerpunkt auf die aktuelle Entwicklung der **Gegenwartskunst.**

> **EXTRATIPP**
>
> ### Museumsrabatte
>
> In **Gent** erlaubt die **CityCard** den Zugang zu allen großen Museen und Sehenswürdigkeiten – u. a. zur Burg Gravensteen, der St.-Bavo-Kathedrale, den beiden Museen S.M.A.K und Museum für Schöne Künste, der St.-Peters-Abtei, dem neuen Stadtmuseum STAM und dem Belfried. Sie kostet 30 € (2 Tage) oder 35 € (3 Tage).
>
> In Brügge erlaubt die **Brugge City Card**, die für 27 Museen gültig ist, den kostenlosen Museumsbesuch. Sie kostet 47 € (48 Std.) oder 53 € (72 Std.). Kostenlos sind für Karteninhaber die Rundfahrten auf den Kanälen (s. S. 73). Zudem gibt es für zahlreiche Veranstaltungen und beim Mieten von Fahrrädern Rabatte.
>
> In Antwerpen ermöglicht die **Antwerp City Card** den kostenlosen Besuch fast aller Museen und eintrittspflichtiger Kirchen. Sie kostet als Tageskarte 27 €, für zwei Tage 35 € und für drei Tage 40 €. Im Preis ist auch die Besichtigung der Brauerei De Koninck (s. S. 24) und die Nutzung eines „HopNStop"-Shuttlebusses eingeschlossen.
>
> Die City-Karten können meist auch online vorbestellt werden. Eintrittsrabatte in den Museen der drei Städte erhalten in der Regel auch alle Kinder, Jugendlichen und Rentner.

FLANDERN VERSTEHEN

Flandern, heute eine Region aus den fünf Provinzen Limburg, Antwerpen, Flämisch-Brabant, Ostflandern und Westflandern, ist Belgiens Kernzelle. Rund sechseinhalb Millionen Menschen leben hier, die Mehrzahl Katholiken. Ein Volk mit reicher Geschichte – selbstbewusst und immer auch nach Unabhängigkeit strebend. Nicht nur der niederländischen Sprache wegen, die Flandern von der französischsprachigen Wallonie trennt. 2000 Jahre Geschichte prägen das Land, Jahrhunderte, in denen die Flamen mit immer neuen Herrschern zurechtkommen mussten. Gute und schlechte Zeiten waren das, die der Region Reichtum und Beachtung, aber auch Kriege und Armut brachten.

Von den Anfängen bis zur Gegenwart

Flanderns Anfänge **wurzeln in römischer Zeit.** „Provincia Gallia Belgica" nannten die Römer die einst von Julius Caesar unterworfene Provinz. Sieben Jahre hatten dessen Truppen gebraucht, um die dort lebenden Kelten niederzuringen. Caesars Nachfolger urbanisierten das Land, bauten Straßen und Häuser. Nach dem Zerfall des Römerreiches kamen die Franken – und mit ihnen irische und schottische Missionare, welche die Menschen nach und nach christianisierten.

Im frühen Mittelalter tauchte schließlich der Name „Flandern" erstmals auf, die Region um Brügge nannte sich „Pagus Flandrensis", Flanderngau. Balduin hieß einer der ersten Grafen dieses Landstrichs. Er machte als „Eisenarm" von sich reden und residierte in Brügge. Als eigentlicher Begründer des Territorialstaates Flandern aber gilt sein Nachfolger **Balduin II.** (879–918), der von der Auflösung des Frankenreichs profitierte, das die Normannen zerschlagen hatten. Seine Söhne erweiterten das flandrische Territorium in südlicher und östlicher Richtung, ehe die Franzosen allen weiteren Expansionsbestrebungen schließlich ein Ende bereiteten.

Unter den flandrischen Grafen wurde die von riesigen Sümpfen durchzogene Region, die immer wieder Stürme und Überschwemmungen heimsuchten, langsam trockengelegt, Städte wie Brügge eingedeicht. Schon um 1300 konnten so 90 % der einst von der Schelde überfluteten Landstriche wirtschaftlich genutzt werden. In der Folge stiegen Brügge und Gent zu Weltmetropolen auf, zu **Dreh- und Angelpunkten mittelalterlichen Handels.**

Hinzu kam eine **florierende Textilindustrie,** die ganz Europa mit Tuchen versorgte. Der neue Reichtum spiegelte sich in großen Kirchen und gigantischen Türmen, die als Belfriede heute unter dem Schutz des Weltkulturerbes stehen. Mit dem Wohlstand wuchs jedoch auch das Selbstbewusstsein der Menschen, die sich vom Adel nicht länger alles vorschreiben lassen wollten. Immer wieder kam es so zu **Aufständen,** zu Auseinandersetzungen zwischen Regierten und Regenten.

◁ *Vorseite: Antwerpener Marktbeschicker in Rubens-Ausstattung*

Als 1384 der letzte flandrische Graf ohne Nachfolger starb, fiel Flandern, das etwa seit dem 11. Jahrhundert zum Territorium der sogenannten „Niederen Lande" zählte, an Burgund. Philipp der Kühne wurde neuer Herrscher der Region, **unter dem Burgunder und seinen Nachfolgern** blühten Musik und Malerei, Architektur und Literatur Flanderns auf. Diese **kulturelle Hochphase** spiegelte sich zum Beispiel in der Produktion kunstvoller „Stundenbücher", die in großer Auflage in Brügge und Gent entstanden und bis heute stumme Zeugen einer der künstlerisch wertvollsten flämischen Epochen sind.

Durch die Heirat Marias von Burgund mit Maximilian von Österreich anno 1477 rückten die **Habsburger** als neue Landesherren nach. 1519 wurde Karl V., der in Gent zur Welt kam, schließlich Kaiser des Heiligen Römischen Reiches. Mitten in seine Regierungszeit aber fielen **Luthers neue Lehren**, die in den bis dahin katholischen Niederlanden auf fruchtbaren Boden fielen – etwa bei den Augustinern in Antwerpen, von denen zwei 1523 in Brüssel hingerichtet wurden, weil sie den neuen Glauben propagierten. Inquisitionsgerichte sollten seine Ausbreitung stoppen, doch in Gent und Antwerpen fand die neue Religion immer mehr Resonanz. Vor allem Calvinisten schürten den Glaubenskampf, ermordeten katholische Priester und plünderten Kirchen. Diese Epoche ging als **reformatorischer Bildersturm** in die Geschichte ein.

Auf dem Höhepunkt der Auseinandersetzungen schickte Karls Sohn, Philipp II. von Spanien, 1567 schließlich den **berühmt-berüchtigten Herzog Alba** in die Niederlande, um den Aufruhr niederzuschlagen. Die Calvinisten aber wehrten sich und schlossen sich in ihren nördlichen Provinzen zu einem Schutzbündnis gegen die katholischen Spanier zusammen. Jahrzehnte dauerte der **Glaubenskampf** an, Zehntausende verloren ihr Leben. Hunderttausende flohen aus dem Süden Richtung Norden, was zur Folge hatte, dass aus dem Fischerdorf Amsterdam in kurzer Zeit eine Weltstadt wurde, die Antwerpen den Rang ablief.

1585 musste sich das inzwischen calvinistische Antwerpen nach langer Belagerung dem Herzog von Parma, damals Befehlshaber der spanischen Truppen, ergeben. 1604 fiel mit Ostende die letzte aufständische Bastion an die Spanier zurück. Damit war das Schicksal der Region besiegelt. Es folgte die **Aufteilung des Landes** in die nördlichen Niederlande, die noch heute unter diesem Namen existieren, und die später habsburgisch regierten südlichen Niederlande, die heute weitgehend mit Belgien identisch sind.

Zwar wurden die Niederlande, Belgien und Holland zwischendurch politisch wieder vereint, zu groß aber waren inzwischen die Differenzen zwischen Nord und Süd, die Unterschiede in Sprache und Wirtschaft. Schließlich kam es 1830 in Brüssel zur **belgischen Revolution.** Am Ende stand das neue Königreich Belgien, für dessen nördlichen, den niederländischsprachigen Teil, sich rasch der Name Flandern einbürgerte.

Heute ist Flandern nicht nur der **wirtschaftliche Motor Belgiens.** So geht es den Menschen hier deutlich besser als den Wallonen im Süden. Viele Milliarden Euro an Transferzahlungen bedeutet das für die Flamen. Dieses Ungleichgewicht ist immer wieder Anlass für politische

Auseinandersetzungen. Die **kulturellen und sozialen Verwerfungen zwischen den niederländischsprachigen Flamen und den französischsprachigen Wallonen** sind auch zu Beginn des 21. Jahrhunderts ein Dauerthema. Mit großem diplomatischen Geschick und politischen Zugeständnissen aber haben die Belgier bislang ein Auseinanderbrechen ihres Landes immer wieder verhindert – ob das so bleibt?

Die Flamen – selbstbewusst und sinnesfroh

Die Flamen – Belgier von Nationalität, im Herzen halb Germanen, halb Franken – sind ein **eigenständiges Völkchen**. Von Spaniern und Franzosen, die hier lange regierten, übernahmen sie alles, was das Leben schöner und leichter macht – vor allem gutes Essen und Trinken. „Vlaming" nennen sie sich selbst, ein Ausdruck, der auf den historischen Roman „Der Löwe von Flandern" zurückgehen soll. Das zum Jahresende 1838 erschienene Buch erzählt vom Aufstand der Flamen gegen die Franzosen im 13. Jh. Dieser Schlüsselroman steht am Anfang jenes Selbstbewusstseins, das die Flamen heute auszeichnet.

„Ach", urteilte der Journalist Siggi Weidemann über das Volk, „mit den Flamen ist es ja so: Entweder man ist ihr bester Freund oder man existiert nicht. Es macht ihnen viel Spaß, Fremden eine Karikatur ihres Landes vorzugaukeln. Ein Volk von Schauspielern und Gauklern, die gerne aus allem ihren Vorteil holen wollen. Sie sagen Ja und meinen Nein, und sie pflegen ihre sozialen Rituale." Was noch? „Sie sind nicht so chauvinistisch wie Franzosen, nicht so besserwisserisch wie Deutsche, nicht so selbstgefällig wie Holländer – alles ihre Nachbarn –, und sind dem Leben zugeneigt."

Eine **besondere Beziehung** pflegen die Flamen **zu den Niederländern**, mit denen sie einst zusammenlebten, dann gegeneinander einen Glaubenskrieg führten und sich schließlich trennten. Zwar sind sie sich heute längst nicht mehr spinnefeind, aber doch – vornehm formuliert – **von unterschiedlicher Mentalität**. Zwei Witze werden immer wieder gern erzählt, um das Verhältnis zwischen beiden Landsmannschaften zu charakterisieren. „Weißt Du, wie Flamen eine Champagnerfabrik einweihen? Sie lassen ein Schiff dagegen fahren!" Umgekehrt fragen sich die Flamen, warum man den calvinistischen Nachbarn keine Witze erzählen soll. „Weil sie sonst sonntags in der Kirche lachen müssten."

Flame aber ist nicht gleich Flame. So wie Düsseldorf sich mit Köln frotzelt, Mainz mit Wiesbaden oder Frankfurt mit Offenbach, nehmen sich auch die großen flämischen Metropolen gern gegenseitig auf die Schippe. Gent und Brügge sind sich nicht nur sprachlich wegen eigener Dialekte fremd, noch größer ist die Kluft zwischen Brügge und Antwerpen. **Jede Stadt hat ihren eigenen Stolz**, meint besser zu sein als die andere.

So heißen die Bürger Brügges im Volksmund *Bruggelingen*. *Sinjoren* nennen sie sich in Antwerpen. Mit letzterem Ausdruck sind keine alten Leute gemeint, sondern ein junges Völkchen, das mit seinen *Sinjoren* auf die Zeit spanischer Herrschaft anspielt, als die *Señores* den Ton angaben. Allerdings dürfen sich nur die *Sinjoren* nennen, die selbst und ihre Eltern sowie Großeltern im Stadtkern, dem mittelalterlichen Antwerpen, geboren wurden.

Noch selbstbewusster geben sich die *Gentearen,* die Einwohner Gents, die neben ihrem eigenen Dialekt auch noch stolz darauf sind, an manchen Festtagen mit einem Strick um den Hals herumzulaufen. *Stroppendrager* oder *Stropkes* nennt man sie deshalb. Der Strang erinnert an ein finsteres Kapitel Genter Stadtgeschichte: Mitte des 16. Jh. hatten sich die Genter gegen Kaiser Karl V. erhoben, der ihnen – aus Trotz, dass sie ihm die Kriegssteuern verweigerten – zahlreiche Privilegien genommen hatte. Im Mai 1540 mussten die aufmüpfigen Rädelsführer deshalb barfuß und mit einem Strick um den Hals den Kaiser um Vergebung für ihren Aufstand bitten. Seitdem ist der Strick zum **Zeichen bürgerlicher Selbstständigkeit** geworden. Man kann ihn heutzutage sogar als Souvenir kaufen.

So uneins die Flamen untereinander auch sind, so fest halten sie nach außen zusammen, schließlich mussten sie sich ihr Selbstbewusstsein hart erkämpfen. So ist ihre **gemeinsame Sprache,** das „Nederdytsch", erst seit 1932 in Belgien offiziell anerkannt. Bis dahin galt das Flämische als Sprache der Bauern und Proleten. Der Staat versuchte, das Französische auch in den Nordprovinzen als offizielle Sprache einzuführen.

⌐ *Das Leben am Wasser spiegelt sich auch in vielen flämischen Festen, bei denen die Historie zum Leben erwacht*

Leben am Wasser

Im Lauf der Jahrhunderte trotzten die Flamen dem Meer ein Großteil ihres Landes ab. Wo heute Brügge, Gent und Antwerpen liegen, fanden sich zu Beginn unserer Zeitrechnung **meist große Feuchtgebiete**. Mit der Zeit aber legten die ersten Siedler diese langsam trocken und schufen sich so ihren neuen Lebensraum. Über die Schelde hatte Antwerpen schon immer einen Zugang zur großen, weiten Welt. Eine **schreckliche Sturmflut** bescherte Mitte des 12. Jh. Brügge schließlich eine schiffbare Fahrrinne ins benachbarte Damme, die man durch Kanalbauten bis in die Stadt verlängerte. Damit hatte auch Brügge einen direkten Zugang zum Meer, sodass die Stadt schnell zu einer der wichtigsten Handelsmetropolen der Welt heranwuchs, zur Endstation einer hansischen Haupthandelslinie, die vom russischen Novgorod über das gotländische Visby, Bremen und London bis nach Brügge reichte.

Gent schließlich wurde durch einen Kanal direkt an das Meer angeschlossen, sodass alle drei Städte sich schnell **zu Hafen- und Handelsmetropolen entwickelten.** Ihr Bild prägten Kaufleute und Matrosen ebenso wie Hunderte von Tagelöhnern, die die Waren Tag für Tag ein- oder ausluden. Die feinsten Häuser standen rechts und links der Kanäle, prächtige Bauten, wie man sie noch heute in Gent oder Brügge bewundern kann.

Mit dem **Niedergang des Tuchhandels**, Gents und Brügges wichtigstem Exportgeschäft, verloren auch die Häfen an Bedeutung. In Antwerpen war es **die Sperrung der Schelde**, die 1648 im Westfälischen Frieden verfügt wurde, und die Stadt buchstäblich von der Welt abschnitt. Das änderte sich erst mit den Franzosen, die nach der Besetzung der Stadt als Erstes die alten Kais wieder öffnen ließen und so den Handel neu belebten. Den Puls der Stadt aber beschleunigte das nur wenig.

Inzwischen nämlich hatten die Menschen auch die andere Seite eines Lebens am Wasser kennengelernt: **Seuchen und Krankheiten**, die über das Wasser übertragen wurden, **große Sturmfluten und Überschwemmungen**, die ebenfalls Tod und Verderben brachten. Mancher Kanal wurde deshalb zugeschüttet, andere überbaut. Die Städte verloren ihren Hafencharakter.

Inzwischen aber hat sich der Wind gedreht. Die flandrischen Metropolen **entdecken ihre alte maritime Geschichte neu.** Rechts und links der alten Flüsse und Kanäle pulsiert heute wieder das Leben. In Brügge, dem „Venedig des Nordens", gehört die Rundfahrt auf den Reien zur wichtigsten Touristenattraktion (s. S. 73), rechts und links der alten Kanäle öffnen ständig neue Restaurants oder Hotels. Das gilt auch für Gent, wo die Gegend um Gras- und Korenlei **35**, das Kerngebiet mittelalterlichen Handels, heute eines der wichtigsten Szeneviertel der Stadt ist. Und auch im Studentenquartier schart sich die Jugend im Sommer gern entlang der alten Kanäle. Kein Wunder, dass die Stadt plant, weitere Kanäle wieder zu öffnen und alte Hafenanlagen neu zu beleben.

Besonders deutlich zeigt sich auch in Antwerpen die **neue Hinwendung zum Wasser.** Seit Millionen in den Hochwasserschutz investiert wurden und neue Überlaufpolder die Überschwemmungsgefahr weiter reduzierten, ist das Leben am Fluss vor allem im Sommer Mode geworden. Auch die alten Hafenanlagen, die nach dem Bau des großen Überseehafens im Norden der Stadt überflüssig wurden, entdeckte man in den letzten Jahren als neues Szeneviertel. Stararchitekten aus aller Welt drückten Antwerpen mit **modernen Bauten an der Wasserfront** ihren Stempel auf – als sichtbarer Kontrast zu den alten Handelshäusern und Kirchen im Stadtinneren. Lebendiger Beweis ist das **Museum aan de Stroom (MAS) 15**, ein architektonischer Prachtbau, dessen Fassade indischer Sandstein ziert.

Und auch Wohnen, Arbeiten und Leben am Wasser wird immer beliebter. So entstanden im Süden und Norden Antwerpens Tausende neuer Wohnungen, Szeneviertel wie Het Zuid **13** oder 't Eilandje **14** mit schicken Kneipen und gestylten Restaurants, Galerien und Boutiquen. Viele der alten Speicherhallen und Fabriken rund um die Docks, die jahrelang leerstanden, werden heute von Künstlern und modernen Dienstleistern genutzt – oder wie das Red Star Line Museum in Antwerpen (s. S. 61) als Ausstellungshalle.

ANTWERPEN

Antwerpen entdecken

Antwerpen ist eine Völkermühle, gleichwohl eine Metropole mit eigener Identität in einer der am dichtesten besiedelten Regionen Belgiens. Rund eine halbe Million Menschen aus mehr als 160 Nationen leben hier. Europas größte jüdische Gemeinde ist im Norden Belgiens zu Hause, muslimische Milizen, deren Gewaltbereitschaft die Sicherheitsbehörden immer wieder beschäftigt, aber auch die Partei Vlaams Belang, Flanderns größter rechtsextremer Politblock. In einer Kulisse aus Mittelalter, Barock und Neuzeit verschmelzen in Antwerpen Zukunft und Vergangenheit. Peter Paul Rubens ist eines der Aushängeschilder, aber auch die „Antwerp Six", die zu den bedeutendsten Modedesignern der Welt gehören. Und natürlich ist Antwerpen mit seinen Diamantenbörsen und einem der größten Häfen der Welt eine der wichtigsten Wirtschafts- und Handelsmetropolen Europas.

KURZ & KNAPP
Die Stadt in Zahlen
› Gegründet: 726 n. Chr.
› Einwohner: 515.000
› Fläche: 204,51 km²
› Höhe ü. M.: 12 m
› Stadtbezirke: 9 Distrikte

Geschichte

Das alte „Aanwerp" wurzelt in einer gallo-romanischen Siedlung aus dem zweiten Jh. – etwa da, wo die Burg Steen ❿ ihren Platz hat. Legende allerdings ist die rührselige Story um einen tapferen römischen Soldaten (s. S. 45), der einem Riesen einst die Hand abgeschlagen haben soll und im Volksglauben als heimlicher Stadtgründer gilt. Historisch kommt diese Rolle eher Amandus zu, einem Missionar, der im 8. Jh. das „Infra Castrum Antwerpis" gründete.

Unter wechselnder Herrschaft reifte der Stützpunkt langsam zur Handels- und Hafenstadt. Mit dem Stapelrecht für Wolle und Gewürze lief Antwerpen schließlich Brügge den Rang ab. Schon Mitte des 16. Jh. zählte man fast 100.000 Einwohner, täglich machten Hunderte von Schiffen in der Stadt Halt – allein Antwerpen hatte 4500 eigene Schiffe im Einsatz. Bis zu 2000 Frachtwagen aus Deutschland, Frankreich und Lothringen fuhren täglich auf das Hafengelände, wo in über 1000 Handelshäusern die Waren umgeschlagen wurden. **Prächtige Zunfthäuser und große Kirchen** spiegelten den Wohlstand wider. „Die Welt ist ein Ring", sagte ein Sprichwort damals, „und Antwerpen der Diamant darin."

Der **Glaubenskampf zwischen Katholiken und Protestanten** aber, als Bildersturm in die Geschichte eingegangen, geriet in Antwerpen zur blutigen Schlacht. In nur 30 Jahren halbierte sich die Einwohnerzahl. Zehntausende von Protestanten flohen in die nördlichen Niederlande, wo sie in Rotterdam, mehr noch aber in Amsterdam, eine neue Heimat fanden.

Ein weiterer Schicksalsschlag war die **Sperrung der Schelde**, die 1648 im Westfälischen Frieden verfügt wurde und Antwerpen praktisch von der Welt abschnitt. Das änderte sich erst mit den Franzosen, die nach der Besetzung der Stadt als Erstes die alten

◁ Vorseite: Drehorgelspieler vor der Kathedrale ❶ in Antwerpen

Antwerpen entdecken

Lampensockel vor dem Antwerpener Hauptbahnhof

Kais wieder öffnen ließen und so den Handel neu belebten. Später brachten Belgiens Kolonien in Afrika neuen Wohlstand. Zwei Weltausstellungen unterstrichen zudem den globalen Anspruch der Stadt.

Tausende versprachen sich damals in Antwerpen bessere Jobs, auch fast zehntausend Deutsche, die Anfang des 20. Jh. in mehr als einem Dutzend deutscher Vereine in Antwerpen organisiert waren. „In allen besseren Gasthöfen, Wirtschaften usw. spricht man auch deutsch", schrieb 1914 ein Reiseführer. Im Oktober gleichen Jahres besetzten die Deutschen aus strategischen Gründen die Stadt – und auch im Zweiten Weltkrieg stand Antwerpen zeitweise unter deutscher Zwangsherrschaft.

Nach dem Krieg profitierte die Stadt vom neuen **Überseehafen**. Aber auch die alten Hafenanlagen wurden in den letzten Jahren neu entdeckt. Stararchitekten aus aller Welt drückten Antwerpen mit modernen Bauten an der Wasserfront ihren Stempel auf. So entstanden im Süden und Norden Tausende neuer Wohnungen, Szeneviertel wie Het Zuid oder 't Eilandje mit schicken Kneipen und gestylten Restaurants, Galerien und Boutiquen – vor allem aber mit einmaligen Museen wie dem architektonisch gelungenen Museum aan de Stroom ⓯ und dem Red Star Line Museum (s. S. 61).

Erlebenswertes im Zentrum

Antwerpen lernt man am besten zu Fuß kennen, denn trotz seiner Größe ballen sich die Sehenswürdigkeiten auf engem Raum. So ist es nur eine gute Stunde von den alten Docks im Norden, dem Szeneviertel Eilandje, ins Museumsquartier im Süden. Noch kürzer ist der Weg vom neu gestylten Zentralbahnhof im Osten zur Schelde, die im Westen an die Stadt grenzt. Mit der Orientierung hat man im Normalfall keine Probleme, bildet die Liebfrauenkathedrale mit ihrem 123 m hohen Turm doch das unübersehbare Herzstück des Zentrums.

Stadtspaziergang

Wer Antwerpen zu Fuß erleben will, startet am besten am **Groenplaats** ❻ im Schatten der mächtigen Liebfrauen-Kathedrale, wo viele Busse und Straßenbahnen Halt machen. Mitten auf dem weiten Platz thront Antwerpens größter Sohn, der Maler Peter Paul Rubens, als Denkmal.

Nach der Stippvisite in der Kathedrale ❼, vor deren Hauptportal der stimmungsvolle **Handschoenmarkt** ❽ mit seinen Terrassencafés und Knei-

> **Routenverlauf im Stadtplan**
> Der hier beschriebene Spaziergang ist mit einer farbigen Linie im Stadtplan eingezeichnet (s. S. 50).

pen einlädt, bietet nur ein paar Schritte weiter der **Grote Markt** ❾ viel Platz zum Staunen. Hier locken einige der schönsten Renaissance- und Barockfassaden Belgiens und das Touristenbüro (s. S. 119) mit vielen nützlichen Angeboten. Nur wenige Minuten weiter steht man am Schelde-Ufer mit der **Steen, der alten Stadt-Burg** ❿.

Nach dem Blick auf das alte Antwerpen ist es jetzt Zeit, die Moderne zu entdecken. Im **Museeum aan de Stroom** ⓯, einem der großen neuen Museen Belgiens, hat sie Gestalt gefunden. Von dem Dach des Museums bietet sich zudem ein einmaliger Blick auf die Stadt sowie die ehemaligen Hafenanlagen. Wenig weiter erinnert das Museum Red Star Line (s. S. 61) an die zahlreichen Menschen, die von Antwerpen einst nach Amerika auswanderten.

Der Weg zurück in die Innenstadt führt mit der Schippers- und Oudemansstraat mitten durch das **Rotlichtviertel** der Stadt. Wer angesichts der spärlich bekleideten Damen hinter großen Glasfenstern moralische Bedenken hat, sollte gleich weiter Richtung Süden laufen. Aber so wie die Reeperbahn zu Hamburg, so gehört auch dieses Viertel am alten Hafen zum authentischen Antwerpen.

Gleich hinter der Paulskirche [I E6] taucht man in der engen Stoelstraat in das **Antwerpen der Rubens-Ära** ein. Durch geschäftige Fußgängerzonen mit kleinen Läden gelangt man in die Schuttershofstraße [I F7] mit ihren meist teuren Boutiquen. Wenige Schritte weiter erreicht man das ehemalige Wohnhaus **Peter Paul Rubens,** in dem ihm ein eigenes Museum ❺ gewidmet wurde.

Danach kommen **Einkaufsbummler** beim Gang durch Meir und Keyserlei ❹ auf ihre Kosten. Die belebten Einkaufsstraßen führen zu **einem der schönsten Bahnhöfe der Welt.** Die Centraal Station ❶ ist ein bestens renovierter Prachtbau. Gleich daneben liegt der Antwerpener Zoo ❷, dessen Jugendstilgebäude faszinieren. Wenig weiter taucht man in die geheimnisvolle Welt der **Diamantenhändler** ❸ ein, wo täglich Millionen Euro umgesetzt werden.

Jetzt lässt man sich einfach Richtung Süden ins sogenannte **Museums-Viertel Het Zuid** ⓭ treiben, das vor allem im Sommer immer eine Stippvisite wert ist. Da der Weg vom Bahnhof dorthin touristisch so gut wie keine Höhepunkte bietet, kann man vom Bahnhofsplatz den **Bus Nr. 23** bis zum **Königlichen Museum für Schöne Künste** (s. S. 48) nehmen, das **mindestens bis 2019** leider nur **von außen** in Augenschein genommen werden kann.

Die gewonnene Zeit investiert man besser in **Streifzüge rund um den Waalsekaai** [I D8/9] oder macht eine Kaffeepause in einem der vielen **Straßencafés.** Hier nämlich ist Antwerpen ein bisschen wie Paris.

Über die Kloosterstraat [I D7/D8], deren **Antiquitätengeschäfte** meist erst nachmittags geöffnet sind, und die geschäftige Nationalestraat ⓫ mit ihren vielen **Modeboutiquen** und dem **Modemuseum,** geht es zurück zum Ausgangspunkt. **Bibliophilen** sei der Schlenker zum renovierten Museum Plantin-Moretus ⓬ empfohlen, einst einer der wichtigsten Druck- und Verlagsorte der Welt.

Antwerpen entdecken

❶ Centraal Station (Hauptbahnhof) ★★ [I H7]

Die Centraal Station gilt seit der Renovierung wieder als einer der schönsten Hauptbahnhöfe Europas.

Verschiedenfarbig sind die marmornen Wände, lichtdurchflutet die mächtigen Rundbogenfenster, einmalig die opulenten Stuckdecken, ausladend die breiten Treppen und Aufgänge unter der riesigen Kuppel. Der Bau ist ein **Gesamtkunstwerk**, das auch alle die besuchen sollten, die mit Bus oder Auto angereist sind.

Inzwischen wurde der über hundert Jahre alte Bahnhof um einige Ebenen erweitert, hier halten heute Belgiens schnellste Züge ebenso wie Regionalbahnen und die Metro. Auch **viele kleine Geschäfte und Cafés** haben in dem neobarocken Bau Unterschlupf gefunden. Ganz neu gestaltet wurde in den letzten Jahren auch der Bahnhofsvorplatz (Koningin Astridplein), um den sich mehrere Hotels reihen, von denen das supermoderne Radisson Blu Astrid Hotel (s. S. 129) sofort ins Auge fällt. Aquatopia (s. S. 121) ist eine sehenswerte Aquarienschau mit vielen Tausend Fischen und anderen Meeresbewohnern. Noch mehr Tiere haben im angrenzenden Zoologischen Garten Platz gefunden.

❷ Zoo Antwerpen ★★ [I I7]

Antwerpens Zoo mit seinen vielen Tausend Tieren zählt zu den schönsten Europas. Das liegt vor allem an den historischen Gebäuden, von denen viele unter Denkmalschutz stehen. Aus der Gründerzeit stammen viele Volieren und überall blitzt der **Jugendstil** auf, zeugen Säulen und Wände vom Glanz der Vergangenheit.

Zu den seltenen Zoobewohnern zählen Okapis, Kongopfauen, Zwergschimpansen, Tapire und Koalabären. Im Serpentarium tummeln sich giftige Kriechtiere, Elefanten wohnen in nostalgischen Stallungen, Löwen und Flusspferde in Freigehegen. Viele Gehege und Freiflächen wie eine große Savannenanlage wurden in letzter Zeit neu hergerichtet, dazu ein neues Aquarium und ein Schmetterlingsgarten.

› **Zoo Antwerpen,** Koningin Astridplein 26, Tel. 03 2024540, www.zooantwerpen.be, tgl. 10–16.45 (Kernzeit), im Hochsommer bis 19 Uhr, Eintritt: 24 € (bis 17 Jahre 22 €, Tickets auch online)

Vielleicht Europas schönster Bahnhof: die Centraal Station ❶

❸ Diamantenviertel ★ [I H8]

Gleich neben dem Hauptbahnhof ❶ liegt Antwerpens Diamantenviertel. Zwischen Quinten Matsijslei und Pelikaanstraat werden an einer der vier Diamantenbörsen täglich viele Millionen Euro umgesetzt. Schätzungsweise bis zu vier Fünftel aller Rohdiamanten und fast jeder zweite geschliffene Diamant werden hier gehandelt, **Hochkaräter für rund 50 Milliarden Euro jährlich**. Fast 20.000 Menschen leben in Antwerpen vom Geschäft mit den funkelnden Steinen, das gut fünf Prozent aller belgischen Exporte ausmacht. Noch, denn immer mehr Diamantenhändler wandern in Länder ab, wo sie weniger Steuern zahlen müssen.

Den Reichtum sieht man dem Viertel nicht an. Trostlos und grau sind die Betonbauten in der Schup- und Hovenierstraat, dem Herz des Quartiers. Vieles hier gleicht einem **Hochsicherheitstrakt**. Videokameras überwachen jede Bewegung. Wer hier lange stehen bleibt oder sich auffällig verhält, gerät schnell ins Visier der Ordnungshüter.

Innerhalb nur einer Quadratmeile bilden rund 1500 Firmen und Betriebe das **Rückgrat der Diamantenindustrie**. Offizielle Preislisten gibt es kaum, schließlich ist der Edelsteinkauf Verhandlungssache, viele Verkäufe werden noch immer **per Handschlag abgewickelt**. Dabei dreht sich alles um die vier „C" des Diamantenhandels: um Carat (Gewicht), Colour (Farbe), Clarity (Reinheit) und Cut (Schliff). Juweliere von Weltrang kaufen in Antwerpen ihre Diamanten. Aber auch private Käufer finden mehr und mehr den Weg in die flandrische Stadt, wo die echten Edelsteine manchmal preiswerter sind als anderswo in Europa.

Preisvergleiche aber sollte man vorher schon anstellen, um sich Enttäuschungen nach dem Kauf zu ersparen! „Antwerp's Most Brilliant" (www.antwerpsmostbrilliant.be) heißt ein neues Gütesiegel, mit dem sich die besten Diamantenhändler der Stadt schmücken dürfen. Es wird jährlich neu verliehen!

Auch Ratsuchende kommen häufig nach Antwerpen, um die Qualität ihrer Schmuckstücke einschätzen zu lassen. Ihre Anlaufstation ist das **HRD Antwerp Institute of Gemmology**, ein 1976 gegründetes Institut, das sich ganz der Qualitätssicherung verschrieben hat. Wer will, kann seine „Schätzchen" hier von Fachleuten nach Güte und Preis unter die Lupe nehmen lassen.

●20 [I H8] **HRD Antwerp,** Diamond Lab, Hovenierstraat 22, Tel. 03 2220627, www.hrdantwerp.com

Mitten im Diamantenviertel findet sich auch eine **Synagoge, Anlaufstelle für Europas größte jüdische Gemeinde**. Ihr gehören vor allem orthodoxe Juden an, die mit ihren pelzbesetzten Hüten und langen Bärten nicht zu übersehen sind – vor allem abends und morgens, wenn sie wie üblich zur Arbeit ins Diamantenviertel radeln. Auch in der „Beurs voor Diamanthandel", Antwerpens Börsensaal, der mehr einem Lesesaal als einem Milliardenumschlagplatz gleicht, fallen die jüdischen Händler gleich auf, auch wenn ihnen Russen und Australier immer mehr Konkurrenz machen, vor allem aber die Inder, die ihnen inzwischen den Rang abgelaufen haben.

▷ *Die Meir, Antwerpens meistbesuchte Einkaufsstraße*

Antwerpen entdecken

❹ Einkaufsmeile De Keyserlei – Leysstraat – Meir ★★ [I G7]

Vom Hauptbahnhof Richtung Westen laufen die geschäftigsten Einkaufsachsen Antwerpens: De Keyserlei, Leysstraat und Meir – breite, von vielen Geschäften und Restaurants gesäumte Straßen, die bis auf die erste meist reine Fußgängerzonen sind.

Juwelierläden, Straßencafés, Restaurants und kleine Ladenpassagen prägen den **Boulevard De Keyserlei**. Architektonisch gewichtiger wird die Route vom Hauptbahnhof Richtung Altstadt mit der **Leysstraat**, deren Eingang schon etwas vom Glanz goldener Wirtschaftszeiten vermittelt. Die stattlichen Häuser mit ihren **reich verzierten Giebeln und Kuppeln** sind Zeugnisse urbaner Identität, die Antwerpen bis heute prägen. Noch deutlicher wird das auf der **Meir**, der inzwischen meist besuchten Einkaufsstraße Belgiens. Wo heute eingekauft wird, befand sich einst ein Flüsschen, das längst zugeschüttet und überbaut worden ist. Kaum zu glauben, dass man auf der Meir früher einmal mit dem Boot unterwegs sein konnte.

Heute bieten die vielfach renovierten Prachtbauten des Empire und späterer Jahre Europas großen Ladenketten Unterschlupf: Möbel- und Textilhäusern, Schuh- und Haushaltswarenläden, Fast-Food-Restaurants und Markengeschäften. Zu den schönsten Kaufhäusern gehört der **Stadsfeestzaal** (Städtischer Festsaal), Meir 74–80, der nach seiner Renovierung zum Aushängeschild belgischer Shoppingkultur geworden ist. Eine Stippvisite wert ist auch das 1903 fertiggestellte, einstige Kaufhaus Tietz gleich nebenan, vor allem aber das **Paleis op de Meir** (Meir 50), ein Adelspalast mit eindrucksvoller Rokokofassade. Das im 18. Jh. erbaute Haus, in dem Napoleon ebenso residierte wie belgische und niederländische Könige, zeigt sich nach der Renovierung in altem Glanz. Und im Erdgeschoss des alten Palastes hat der Schoko-Künstler Dominique Persoone seine Zelte aufgeschlagen. Hier kann man seinen Chocolatiers bei der Arbeit über die Schulter schauen.

Gleich um die Ecke befindet sich der **Platz Wapper** mit seinen Geschäften, Cafés, Restaurants – und dem Rubenshaus ❺. Am Ende der Meir liegt der KBC-Tower, ein fast 100 m hoher Bau aus den frühen 1930er-Jahren und einer der ältesten Wolkenkratzer Europas. Für Shoppingfans haben die Geschäfte entlang der Meir übrigens seit Neuestem auch jeden ersten Sonntag im Monat geöffnet!

❺ Rubenshaus (Rubenshuis) ★★★ [I F7]

Das Rubenshaus ist eines der interessantesten Museen Antwerpens – auf alle Fälle eines der bestbesuchten. Mit aller Sorgfalt hat man Wohn- und Werkstatt des großen Malers rekonstruiert.

Wo der Maler mit seiner Familie einst lebte und arbeitete, drängen sich heute Kunstliebhaber aus aller Welt. Sie besichtigen sein Kabinett, sein Atelier, Küche und Kammern, die mit Möbeln und Haushaltsgeräten aus Rubens' Zeit ausgestattet sind. Und besonders gern flaniert man durch den gepflegten Garten hinter dem Palast, der dem der Renaissancezeit nachgebildet wurde. Die meiste Aufmerksamkeit aber finden die **Malereien des Meisters**: frühe Werke wie „Adam und Eva", zahllose Porträts von Heiligen, aber auch Arbeiten seiner Schüler, Mitarbeiter und Freunde.

1577 wurde Peter Paul Rubens im westfälischen Siegen geboren. Als Zehnjähriger zog er mit seiner Mutter an die Schelde, wo er sich als Maler ausbilden ließ. Anno 1600 reiste er nach Italien, dort inspirierten ihn Künstler wie Tizian oder Veronese. Zurück in Antwerpen ernannte ihn das Regentenpaar Albrecht von Österreich und Isabella von Spanien zum Hofmaler, was ihm finanzielle Sorglosigkeit verschuf. Wenig später folgte die Heirat mit Isabella Brant. 1610 kaufte er das Palais am Wapper, einen **Renaissancepalast samt Lustgarten** und Pantheon im italienischen Palazzostil, der als Wohnhaus und Werkstatt diente.

Besonders gern arbeitete Rubens mit **Jan Brueghel d.Ä.** zusammen, den er in Rom kennengelernt hatte. Werke in Dessau, München und Potsdam zeugen noch heute von dieser Kooperation, bei der Rubens die Figuren und Brueghel die Landschaften ausgestaltete. Rubens aber war nicht nur Maler, sondern auch Diplomat, Buchillustrator, Architekt, Sammler und Lehrer, ein Mann also, der das öffentliche Leben in der Stadt entscheidend prägte.

1630 heiratete der Senior noch einmal, und zwar eine Sechzehnjährige, die – wie Rubens-Biografen vermuten – das eine oder andere Bild neu beseelte. Die Gicht des Meisters aber vermochte auch sie nicht zu stoppen. Schwer krank starb er anno 1640. **Sein Grab** findet sich heute in der nicht weit vom Rubenshaus liegenden, renovierten **Sankt Jakobuskirche**. Rubens ehemalige Pfarrkirche beherbergt 23 reich verzierte Marmoraltäre, die der Meister selbst zum Teil mit ausgestattet hat. Sehenswert sind auch ein paar wiederentdeckte Wandgemälde aus dem 16. Jh.

› **Rubenshaus (Rubenshuis)**, Wapper 9–11, www.rubenshuis.be, Tel. 03 201155, Di.–So. 10–17 Uhr (Tickets bis 16.30 Uhr), 8 €

ℹ️21 [I G6] **Sankt Jakobuskirche**, Lange Nieuwstraat 73–75, Tel. 03 2250414, www.topa.be, April–Okt. tgl. 14–17 Uhr, 2 €

❻ Groenplaats ★ [I E7]

Mit Straßenbahnhaltestelle, Taxiständen und Tiefgarage ist der Groenplaats das wichtigste **Tor zur Altstadt**. In seiner Mitte findet sich das eindrucksvolle **Rubensdenkmal** vor der Kulisse der Liebfrauenkathedrale ❼.

Dank **zahlreicher Cafés und Kneipen** lädt der Platz vor allem im Sommer zum Verweilen ein, im Winter lockt der Weihnachtsmarkt. Ganz in der Nähe findet sich das Grand Bazar Shopping Centre (s. S. 56).

❼ Liebfrauenkathedrale (Onze-Lieve-Vrouwe-kathedraal) ★★★ [I E6]

Zu den meistbesuchten Zielen Antwerpens gehört die Liebfrauenkathedrale, das größte Gotteshaus Belgiens und der Niederlande – ein gotisches Meisterwerk, mit dessen Bau 1352 begonnen wurde.

Fast zwei Jahrhunderte zogen sich die Bauarbeiten hin, an denen verschiedene Architekten beteiligt waren. Blickfang ist der 123 m hohe **nördliche Fassadenturm**, ein Himmelspfeiler, der bis heute mehr durch seine Höhe als durch architektonische Raffinesse beeindruckt. Inzwischen gehört er zum Weltkulturerbe der UNESCO. Mittlerweile wurde die Kathedrale immer wieder renoviert oder umgebaut, sodass ein Großteil ihrer Architektur aus dem 19. Jahrhundert stammt – auch das **prächtige Tympanon** (Giebelfeld) mit der Darstellung des Jüngsten Gerichts am Haupteingang.

Ihre wahre Größe zeigt die Liebfrauenkathedrale erst in ihrem Inneren. Die **Maße beeindrucken**: 117 m lang, 55 m breit und 40 m hoch. Mehr als hundert Pfeiler tragen die mächtigen Gewölbe über den sieben Kirchenschiffen, die eigentlich noch größer ausfallen sollten, wäre den Bauherren nicht das Geld ausgegangen. Künstlerisch beachtenswert sind die Beichtstühle, eine Kanzel, mittelalterliche Glasfenster, die unter anderem Philipp den Schönen und Johanna die Wahnsinnige mit ihren Schutzheiligen zeigen, und eine **maasländische Alabaster-Madonna** aus dem 14. Jh., die in Antwerpen große Verehrung genießt. Jährlich am 15. August, dem Fest Mariä Himmelfahrt, steht die Figur der Muttergottes im Mittelpunkt der Verehrung.

Die meisten Besucher aber kommen wegen der **berühmten Bilder von Peter Paul Rubens**. Zwei seiner Hauptwerke finden sich hier: „Die Kreuzaufrichtung" und „Die Kreuzabnahme". Beide Gemälde entstanden nach der Rückkehr des Malers aus Italien und hängen heute im südlichen bzw. nördlichen Querhaus. Kunsthistorisch weniger gewichtig sind zwei weitere Rubens-Gemälde: „Mariä Himmelfahrt", das große Altarbild der Kathedrale, und „Die Auferstehung Christi" in einer der rechten Chorkapellen. Angesichts der Rubens-Bilder aber sollte man nicht den Blick für das **gewaltige Kuppelfresko „Mariä Himmelfahrt"** verlieren, einem der Meisterwerke des Malers

◁ Das Rubensdenkmal auf dem Groenplaats mit der Liebfrauenkathedrale im Hintergrund

Antwerpen entdecken

❽ Handschoenmarkt ★ [I E6]

Am eindrucksvollsten präsentiert sich die Kathedrale vom Handschoenmarkt aus, der seinen Namen den Händlern verdankt, die hier einst Handschuhe verkauften. Heute treffen sich in den **Cafés und Kneipen am Platz**, die ihre Stühle im Sommer nach draußen stellen, Citybummler aus aller Welt.

Beachtung verdient der kleine **Brunnen** auf dem Platz, den die Einheimischen „Put" nennen. Seine Abdeckung, eine besonders fein ausgearbeitete Schmiedearbeit, die eine Figur Brabos krönt, fertigte kein geringerer als Quentin Massys, einer der populären flämischen Maler. Massys' Grabplatte findet sich gleich neben dem Haupteingang am Turmpfeiler der Kathedrale. Wie die Legende wissen will, hat der gelernte Schmied Massys schließlich sein Handwerk auf Betreiben des Schwiegervaters zugunsten der Malerei aufgegeben.

Cornelis Schut. Für die nächsten Jahre haben in der Kathedrale auch zahlreiche Gemälde aus dem sich zurzeit in Renovierung befindenden Königlichen Museum der schönen Künste Platz gefunden.

› Groenplaats 21, Tel. 03 2139951, www.dekathedraal.be, Mo.–Fr. 10–17 Uhr, Sa. 10–15 Uhr, So. 13–16 Uhr, Führungen Mo.–Sa. 11 und 14.15 Uhr, So. 14.15 (15. Juli–31. Aug. auch um 15 Uhr), im Sommer manchmal auch in deutscher Sprache, Eintritt 6 €. Mo., Mi. und Fr. zwischen 12 und 13 Uhr kann man dem Glockenspiel der Kathedrale lauschen. Zusätzliche Konzerte gibt es So. von 15 bis 16 Uhr, im Juli und August auch Mo. von 20 bis 21 Uhr.

↑ Rathaus und Brabo-Brunnen am Grote Markt ❾

❾ Grote Markt ★★★ [I E6]

Der Grote (Große) Markt ist das Herz Antwerpens und einer der schönsten Plätze Belgiens, gesäumt von prachtvollen Zunfthäusern mit Renaissance- oder Barockfassaden.

Ihren Anblick sollte man sich auch dann nicht verderben lassen, wenn man weiß, dass die meisten Häuser gar nicht so alt sind, wie sie aussehen. Viele nämlich wurden erst um 1900 als Gaststätten erbaut und architektonischen Vorbildern aus dem 16. und 17. Jh. nachempfunden.

Unbestrittenes Prunkstück des dreieckigen Platzes, der erst im 16. Jh. zum „Großen Markt" befördert wurde, ist das **spätgotische Rathaus**. Seine Fassade gehört zum Schönsten, was Antwerpen zu bieten hat, eine Front, die im Sonnenlicht ebenso glänzt wie

Antwerpen entdecken

im nächtlichen Lampenschein. Hoch oben finden sich in zwei Giebeln als allegorische Figuren Gerechtigkeit und Weisheit, darüber thront Maria, die Stadtpatronin. Ganz oben sitzt ein Adler mit Blick in Richtung Aachen, dem ersten Sitz des Heiligen Römischen Reiches, zu dem auch die Markgrafschaft Antwerpen einst gehörte.

❿ Schelde-Ufer: Steen und Sankt-Anna-Tunnel ★ [I D6]

Nur ein paar Schritte sind es vom Grote Markt zur Schelde, an der eine viel befahrene Uferstraße entlang führt. Wer nur wenig Zeit hat, braucht am Schelde-Ufer nicht unbedingt lange Station machen, es gibt schönere Uferpromenaden in Europa. Wer jedoch ein Faible für alte Burgen hat, für den ist der Steenplein eine wichtige Adresse. Es ist das **älteste Siedlungsgebiet der Stadt**, an das die **Steen, die alte Burg,** bis heute erinnert. Ihre ältesten Teile stammen aus dem 13. Jh. Lange Zeit diente das Gemäuer der **Inquisition** als Gefängnis und Folterkammer.

Nicht zu übersehen ist am Fuß der breiten Burgrampe der „**Lange Wapper**", die Figur eines Riesen, der, so heißt es im Volksmund, einst die Zecher auf dem Heimweg begleitete – ein Geist, der alle Säufer plagte.

Vor der Burg fließt die **Schelde**, die gut 80 km weiter in die Nordsee mün-

> **EXTRATIPP**
>
> ### Ab in die Unterwelt
> Antwerpens jüngste Touristenattraktion sind Ausflüge in die seit Jahrhunderten geschlossenen **unterirdischen Kanäle und Wasserversorgungssysteme.** Wer möchte, kann nach Voranmeldung in Gummistiefeln 90 Minuten durch die Unterwelt streifen (16 €). Per Boot werden 15-minütige Abenteuertouren angeboten (5 €). Der Treffpunkt ist am Ruihuis (Suikerrui 21 [I D/E6]).
> › www.deruien.be

Silvius Brabo, der Handabschläger

*Mitten auf dem Grote Markt steht eine riesige Brunnenfigur, in der Lokalpatrioten den **Stadtgründer** sehen wollen - den römischen Soldaten Silvius Brabo. Der Legende nach besiegte dieser den Riesen Druoon Antigoon, der damals die Region am Unterlauf der Schelde beherrschte und von jedem vorbeifahrenden Schiff ein Lösegeld verlangt haben soll. Versagte man ihm dies, soll er den Nichtzahlern die Hand abgeschlagen haben. Brabo jedenfalls machte dem Unwesen ein Ende, indem er dem Bösewicht die Hand abhackte und sie in die Schelde warf. **Mit dem Wurf der abgeschlagenen Hand** jedenfalls, so der Volksglaube, war der Name „(H)Ant-Werpen" geboren.*

Wissenschaftlich glaubwürdiger freilich ist die Version, dass der Name der Hafenstadt von „aanwerp" abgeleitet ist, einer aufgeschütteten Landzunge, die auf Höhe der Burg Steen in die Schelde ragte. Der römische Soldat mit der abgeschlagenen Hand in den Fingern findet sich heute übrigens nicht nur als Brunnendenkmal auf dem Grote Markt, sondern auch auf dem benachbarten Handschoenmarkt ❽, wo Brabo einen schmiedeeisernen Brunnen aus dem 16. Jh. krönt.

Modemetropole Antwerpen

Wer von Mode spricht, nennt Antwerpen heute längst **in einem Zug mit New York, Mailand, London und Paris.** Auf alle Fälle ist die Stadt heute Belgiens Nummer eins in Sachen Mode. Amerikas First Lady, Michelle Obama, trägt ebenso Kleider aus Flandern wie Superstar Madonna. Da wundert es nicht, dass sich im sogenannten Modeviertel rund um die Nationalestraat viele kleine, schicke Designerläden gruppieren.

Bis Ende der 1960er-Jahre war Mode in Antwerpen eine Spezialität von Familienbetrieben, die mit in Paris gekauften Schnittmusterbögen als Vorlage Kleider und Anzüge nachschneiderten. Das änderte sich Ende der 1980er-Jahre, als sechs Absolventen der Antwerpener Modeakademie, Walter van Beirendonck, Ann Demeulemeester, Marina Yee, Dries van Noten, Dirk van Saene und Dirk Bikkembergs, auf der Modemesse in London auf sich aufmerksam machten. Weil die Engländer ihre Namen nicht aussprechen konnten, wurden sie als die **„Sechs von Antwerpen" („Antwerp Six")** bekannt. Alle sechs waren Studenten der 1964 von Mary Prijot gegründeten Modeabteilung der Königlichen Akademie für Schöne Künste.

1996 wurde das **Flanders Fashion Institute** (FFI) gegründet, das junge Modeschöpfer beim Aufbau ihrer Karriere unterstützen und auf internationaler Ebene für die neue belgische Mode werben sollte. Das FFI gehörte schließlich auch zu den Vätern des Zentrums **ModeNatie** ⓫, einem 9000 m² großen Fashion-Palast. Der Prachtbau beherbergt auch die Modeakademie der Königlichen Akademie der Schönen Künste, deren Studenten weltweit Anerkennung genießen. So entwarfen Antwerpener Designer unter anderem die Trikots für die Fußballer von Inter Mailand oder statteten Popgrößen wie U2 oder die isländische Sängerin Björk mit passenden Bühnenklamotten aus. Zu den jüngsten Akademie-Talenten gehören der Designer Cedric Jacquemyn, dessen Männermode viel Beachtung erfahren hat, oder der gebürtige Ulmer Bernhard Wilhelm, der Mode als Kunst zelebriert. Aber auch Herrenausstatter wie Boss und Modekonzerne wie Jil Sander oder Dior schätzen längst das kreative Potential der Modeschmiede an der Schelde.

Herzstück der ModeNatie ist das **MoMu, das Museum für Mode, Kleidung und Textiles,** das seine Schätze in jährlich wechselnden Ausstellungen präsentiert. Ebenfalls zum Museum gehören ein Wissenschaftszentrum und eine öffentlich zugängliche Bibliothek mit über 15.000 Büchern und einem großen Lesesaal. Mit Modeliteratur aus aller Welt ist der Buchladen im Haus gut bestückt. Für alle, die Mode nicht nur anschauen wollen, gibt es im Erdgeschoss neben einem Café auch einen großen Modeladen, der mehr als zwei Dutzend Labels vertritt. Trendy und hip geht es auch in den umliegenden Läden zu, vor allem in der Kammenstraat.

› *Modemuseum MoMu* (s. S. 61), Nationalestraat 28, Tel. 03 3389585, www.momu.be, Di.-So. 10-18 Uhr, Eintritt: 8 €, Zugang zur Galerie kostenlos

Antwerpen entdecken 47

Ausgesuchte Designeradressen:

🏠**22** [I D8] **Anja Schwerbrock,** Kloosterstraat 175, www.anja schwerbrock.com, Mi.-Sa. 12-18 Uhr. Kleiner, aber feiner Laden der deutschen Modedesignerin im Süden der Stadt. Hochwertige Damen- und Kindermode.

🏠**23** [I E7] **Anna Heylen,** Lombardenstraat 16, www.annaheylen.be, Mo.-Sa. 11-18 Uhr. Exklusive Designermode für Damen, die individuell auf die Käuferin zugeschnitten wird. Sale und Rabatt sind hier Fremdworte!

🏠**24** [I D9] **Ann Demeulemeester,** Leopold de Waelplaats, www.anndemeulemeester.be, Mo.-Sa. 10-18.30 Uhr. Flagshipstore der Stardesignerin Ann Demeulemeester, einer der Gründerinnen der „Antwerp Six", mit exklusiver Herren- und Damenmode.

🏠**25** [I F7] **Graanmarkt 13,** Graanmarkt 13, www.graanmarkt13.be, Mo.-Sa. 10.30-18.30 Uhr. Antwerpens elegantester Concept Store bietet exklusive Mode und feinste belgisch-internationale Küche.

🏠**26** [I E7] **Het Modepaleis,** Nationalestraat 16, www.dries vannoten.be, Mo.-Sa. 10-18.30 Uhr. Über drei Stockwerke bietet Dries van Noten in seinem auch architektonisch sehenswerten Modepalast Kleidung für Damen und Herren.

🏠**27** [I E8] **RA 13,** Kleine Markt 7-9 (im 1. Stock), www.ra13.be, Di.-Sa. 11-18 Uhr. Exklusiver Concept Store mit ausgefallener Kunst und Mode. Nur für Gutverdienende!

det und an dieser Stelle 500 m breit ist. Eine Stelle, an der einst das Leben pulsierte: Auswanderer und Abenteurer starteten von hier nach Amerika, zwischen 1880 und 1935 verließen mehr als zwei Millionen Menschen von Antwerpen aus Europa. Von diesen Auswanderern sollen heute schätzungsweise 30 Millionen Amerikaner abstammen. Und auch in Belgiens Kronkolonie Kongo brach man gewöhnlich von Antwerpen aus auf, wo heute die Ausflugsboote für eine Rundfahrt auf der Schelde ankern. Auch große Kreuzfahrtschiffe machen hier inzwischen wieder Station.

Wer will, kann nicht weit von hier auf die andere Seite des Flusses wechseln, um von dort das Panorama der Stadt zu genießen. Möglich macht das der in den frühen 1930er-Jahren gebaute, 572 m lange **Sankt-Anna-Tunnel**, der samt seiner hölzernen Rolltreppe unter Denkmalschutz steht. Da Brücken an diesem Flussabschnitt fehlen, ist der Tunnel die einzige Gelegenheit, von der City aus rasch den Fluss zu queren.

› **Schelderundfahrt Flandria Boat,** Steenplein 1, Tel. 03 2313100, www.flandria.nu/de, 50-minütige Rundfahrten von Mai bis Sept. (meist am Wochenende um 14, 15 u. 16 Uhr), 9 € (Online-Reservierung möglich!)

⓫ Modeviertel Nationalestraat mit ModeNatie ★★ [I E7]

Die Nationalestraat ist eine der geschäftigsten Straßen Antwerpens. Hier sind nicht wie auf der Meir die großen Ladenketten mit ihren für ganz Europa genormten Angeboten zu Hause, hier finden sich **kleine Boutiquen und Modeshops**. Die meisten sind teure Läden, in denen sich der Kunde noch ein bisschen als König fühlen darf. Etwas preiswerter wird es in den Seitenstraßen, wo kleine Cafés zu einer Pause einladen. Wer ausgefallene Kreationen zu moderaten Preisen sucht, ist in der von der Nationalestraat abgehenden Kammenstraat [I E7] gut aufgehoben. Kern des Viertels ist die **ModeNatie** (an der Kreuzung Nationalestraat/Drukkerijstraat), wo sich die Modeabteilung der Kunstakademie, eine Bibliothek und das **Modemuseum** (s. S. 61) befinden.

Wer Zeit hat, sollte den nahen **Vrijdagmarkt** [I E7] besuchen, auf den freitagmorgens – unter den wachsamen Augen der heiligen Katharina – Kitsch und Nippes angeboten werden. Die heilige Katharina nämlich, deren Denkmal hier steht, ist in Antwerpen auch Schutzpatronin der Trödler.

Ein paar Schritte weiter steht die **spätgotische St. Andreaskirche**, zu deren Gemeindemitgliedern anfangs auch Rubens gehörte. Blickfang sind die Kanzel, Gemälde aus der Rubenszeit und ein Marienkleid, das die Modeschöpferin Ann Demeulemeester für die Muttergottes fertigte. Früher ein reines Arbeiterviertel, reihen sich hier heute Mode- und Antiquitätengeschäfte.

› **ModeNatie**, Nationalestraat 28, www.modenatie.be
ii28 [I D7] **St. Andreaskirche (St. Andrieskerk)**, Sint-Andriesstraat 5, Tel. 03 2320384, www.sint-andrieskerk.be, Mo. und Fr. 9–12, Sa. 10–12 Uhr, April–Okt. tgl. 14–17 Uhr, Eintritt frei

⓬ Museum Plantin-Moretus ★★ [I D7]

Das Renaissanceensemble war eine der wichtigsten Druckwerkstätten Europas, wo künstlerisch aufwendige Bibeln und humanistische Werke von Weltrang gefertigt wurden.

Peter Paul Rubens, eng befreundet mit dem Drucker Balthasar Moretus, dem Schwiegersohn des französischen Druckers Christophe Plantin, lieferte so manches Titelblatt. 1876 wurde das renovierte Haus an die Stadt Antwerpen verkauft, die es schließlich samt Werkstatt in ein Museum umwandelte. Das Haus verfügt über eine **einmalige Sammlung typografischen Materials,** darunter zwei zum Weltkulturerbe zählende Druckerpressen und eine Gutenbergbibel.

› **Vrijdagmarkt 22–23,** www.museumplantinmoretus.be, Tel. 03 2211450, Di.–So. 10–17 (Tickets bis 16.30 Uhr), 8 €, Audioguide 2 €

⓭ Museumsviertel Het Zuid ★★ [I D9]

Gut zwanzig Fußminuten vom Zentrum um die Liebfrauenkathedrale ❼ entfernt, im Süden der Innenstadt, findet sich der Stadtteil Het Zuid, ein Quartier mit breiten Straßen wie der Leopold De Waelstraat, an deren Ende der Justizpalast liegt – ein Meisterwerk des britischen Stararchitekten Richard Rogers, der u. a. auch das Centre Pompidou mitkonzipierte.

Am Vlaamsekaai trifft man auf die **alten Hafenbecken,** die in den 1960er- und 1970er-Jahren zugeschüttet wurden. Damals verfielen auch die angrenzenden Arbeiterwohnungen. Schon bald danach aber begann der Wiederaufstieg des Stadtteils, entstanden schicke Designerläden und Galerien, vor allem auch Gastronomie, welche die Gegend um das **Museum für Schöne Künste** zum Szeneviertel machten. Leider ist das Museum **wegen umfangreicher Sanierungsarbeiten bis 2019 geschlossen** und seine Sammlung auf die

▷ *Das MAS im Viertel 't Eilandje*

ganze Stadt verteilt. So hängen die großen Rubens-Bilder in der Liebfrauenkathedrale ❼, andere Kunstwerke haben im Museum aan de Stroom ❶❺ und im Koningin Fabiolazaal (s. S. 61) vorübergehend eine neue Heimat gefunden.

Wer sich für moderne Kunst interessiert, ist im MHKA (Museum voor Hedendaagse Kunst – Museum für Zeitgenössische Kunst) am richtigen Platz, das heute als wichtiger Hort zeitgenössischer Kunst gilt (s. S. 61). Das Museumscafé, das ein Wandgemälde des Künstlers Keith Haring ziert, lädt City-Bummler zur Kaffeepause.

❶❹ 't Eilandje ★★ [I E3]

Mit dem neuen Szeneviertel hat der Norden Antwerpens an touristischem Gewicht gewonnen. Rund um die alten Hafenbecken, um das **als Jachthafen neu genutzte Willemdok** und das **als Museumshafen verwendete Bonapartedok** entstanden viele Tausend neue Wohnungen, kleine Cafés und Restaurants. Heute ist es schick, hier zu wohnen und zu arbeiten. In mancher Lagerhalle haben sich Ateliers und Galerien eingenistet. Wo früher Tabak, Getreide, Kaffee oder Wein umgeschlagen wurden, hat urbanes Leben Einzug gehalten, zeigt sich Belgiens zweitgrößte Stadt von ihrer modernsten Seite.

Ein Beispiel ist das **Red Star Line Museum** (s. S. 61). In den alten Reederei-Gebäuden der Schifffahrtslinie erzählt es von den Millionen Menschen, die von hier aus nach Amerika auswanderten. Von Albert Einstein z. B. und Irving Berlin, der in der neuen Welt musikalisch Karriere machte. Ein beeindruckender Blick auf das Kapitel menschlicher Vertreibung – und individuellen Neuanfang!

❶❺ Museum aan de Stroom (MAS) ★★★ [I F5]

Der mehr als 50 Millionen teure Museumsbau MAS im Szenviertel 't Eilandje birgt fast eine halbe Million Objekte. Das Ethnografische Museum, das Nationale Schifffahrtsmuseum und das Volkskundemuseum lieferten den Grundstock für die Sammlung, die immer wieder sehenswerte Wechselausstellungen ergänzen. Fast 500.000 Objekte nennt das Museum sein Eigen, von denen ein Teil Antwerpens Macht, seinen Aufstieg zur Weltstadt und die Bedeutung seines Hafens skizziert.

Eine Rolltreppe verbindet die neun Stockwerke des eindrucksvollen Baus im alten Hafenviertel, dessen erste Kais schon unter Napoleon angelegt wurden. Unten hat ein Café Einzug gehalten, im Obergeschoss ein teures Sternerestaurant. Das Gebäude steht im Sommer bis Mitternacht, im Winter bis 22 Uhr offen und bietet von oben einen **einmaligen Blick über die Stadt.**

› Hanzestedenplaats 1, Tel. 03 3384400, www.mas.be, Di.–So. 10–17, April–Okt. Sa./So. bis 18 Uhr (letzte Tickets eine Stunde vorher), 8–10 € (Tickets auch online). Kombiticket mit Red-Star-Line-Museum (s. S. 61) erhältlich.

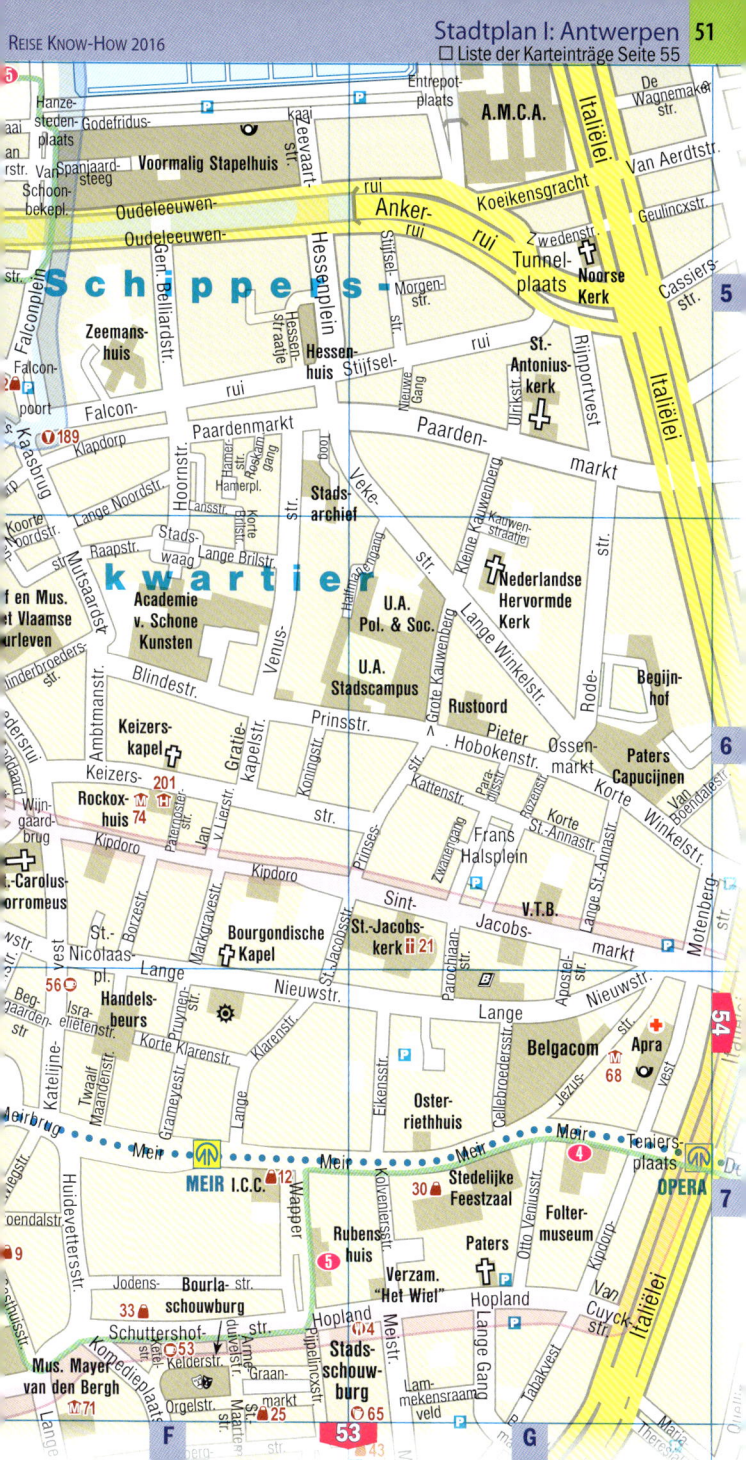

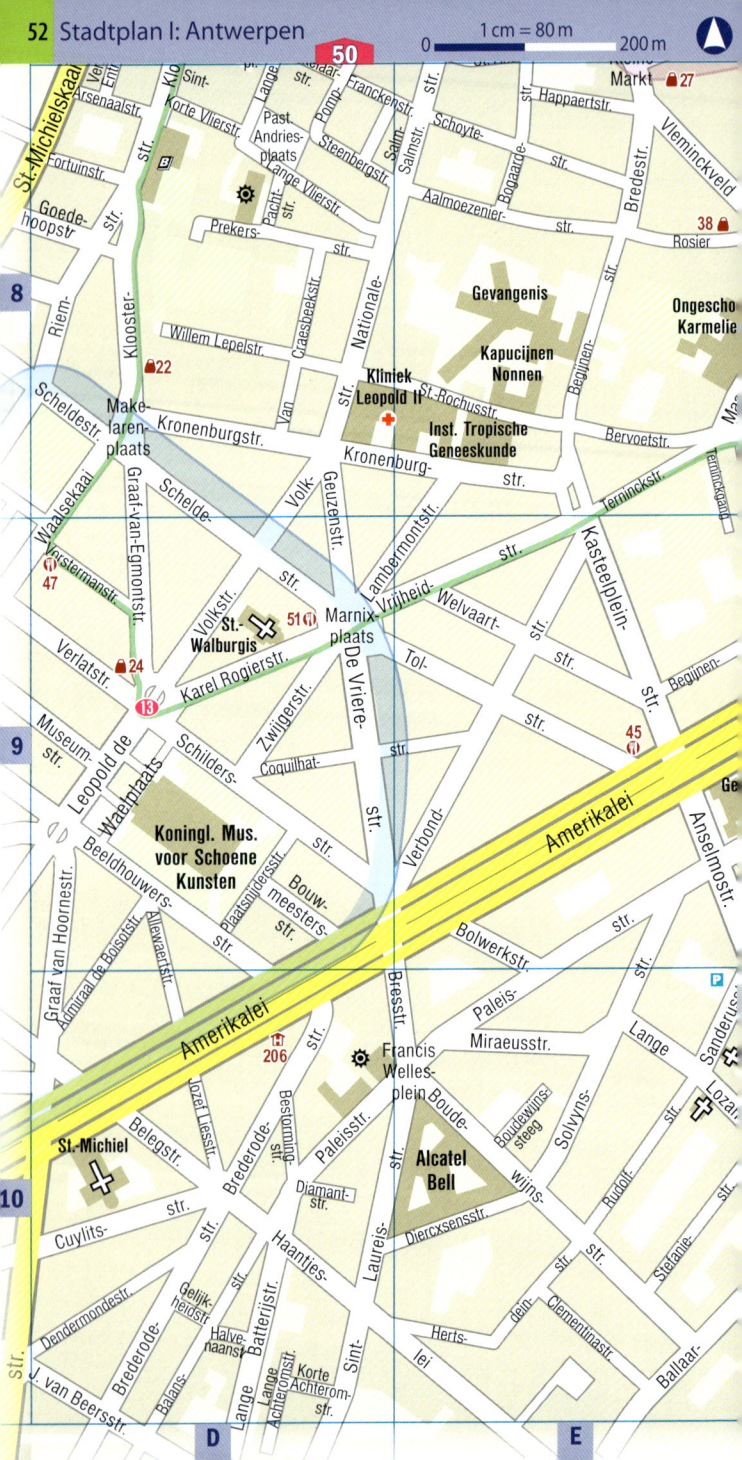

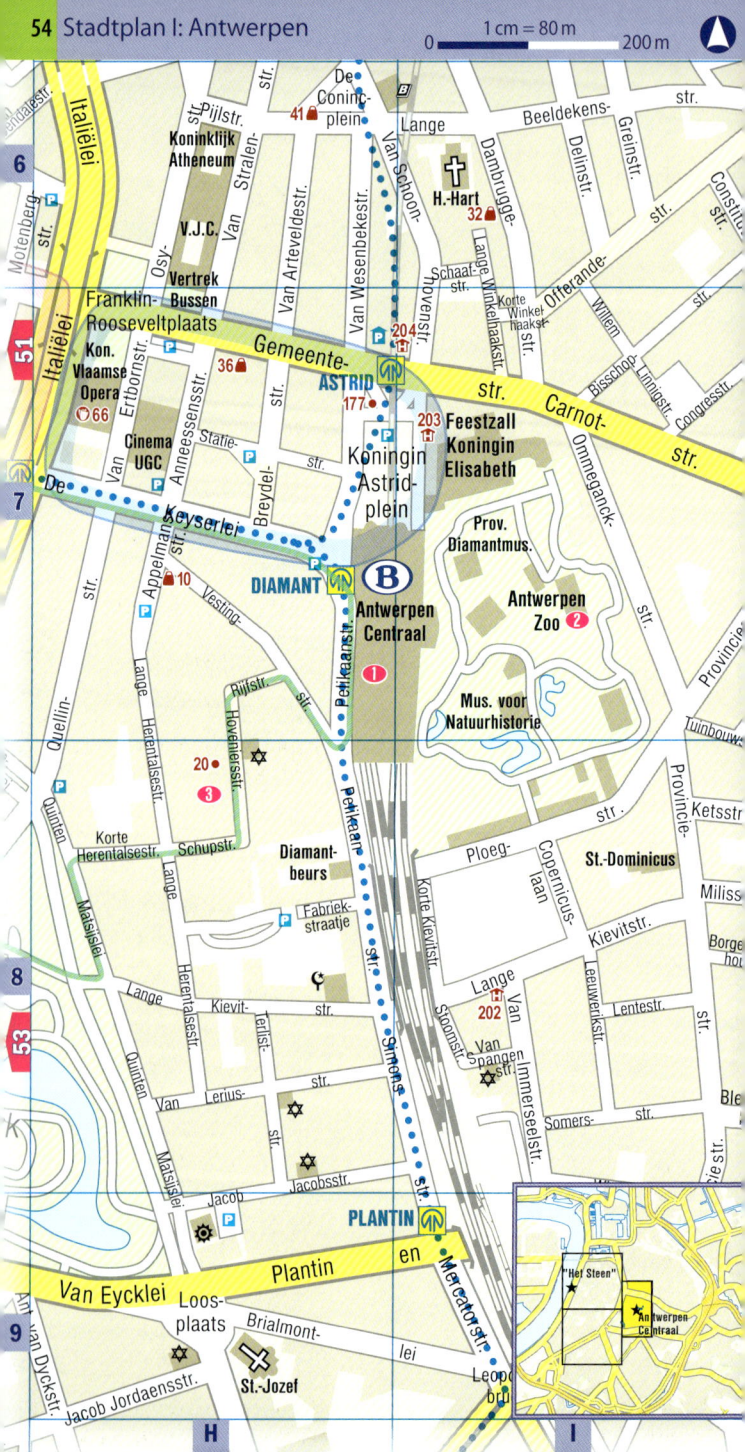

Karteneinträge Stadtplan I: Antwerpen

- ❶ [I H7] Centraal Station (Hauptbahnhof) S. 39
- ❷ [I I7] Zoo Antwerpen S. 39
- ❸ [I H8] Diamantenviertel S. 40
- ❹ [I G7] Einkaufsmeile De Keyserlei – Leysstraat – Meir S. 41
- ❺ [I F7] Rubenshaus (Rubenshuis) S. 42
- ❻ [I E7] Groenplaats S. 42
- ❼ [I E6] Liebfrauenkathedrale (Onze-Lieve-Vrouwekathedraal) S. 43
- ❽ [I E6] Handschoenmarkt S. 44
- ❾ [I E6] Grote Markt S. 44
- ❿ [I D6] Schelde-Ufer: Steen und Sankt-Anna-Tunnel S. 45
- ⓫ [I E7] Modeviertel Nationalestraat mit ModeNatie S. 47
- ⓬ [I D7] Museum Plantin-Moretus S. 48
- ⓭ [I D9] Museumsviertel Het Zuid S. 48
- ⓮ [I E3] 't Eilandje S. 49
- ⓯ [I F5] Museum aan de Stroom (MAS) S. 49
- 🅟1 [I E7] Fritkot Max S. 21
- 🅟4 [I G7] Grand Café Horta S. 23
- 🅟5 [I G11] Stadtbrauerei De Koninck S. 24
- 🅟7 [I C10] Hausbrauerei 't Pakhuis S. 24
- 🍴9 [I F7] Burie S. 25
- 🍴10 [I H7] Del Rey S. 25
- 🍴11 [I G10] Goosens S. 25
- 🍴12 [I F7] The Chocolate Line S. 25
- ●20 [I H8] HRD Antwerp S. 40
- ⛪21 [I G6] Sankt Jakobuskirche S. 42
- 🍴22 [I D8] Anja Schwerbrock S. 47
- 🍴23 [I E7] Anna Heylen S. 47
- 🍴24 [I D9] Ann Demeulemeester S. 47
- 🍴25 [I F7] Graanmarkt 13 S. 47
- 🍴26 [I E7] Het Modepaleis S. 47
- 🍴27 [I E8] RA 13 S. 47
- ⛪28 [I D7] St. Andreaskirche (St. Andrieskerk) S. 48
- 🍴29 [I E7] Grand Bazar Shopping Centre S. 56
- 🍴30 [I G7] Stadsfeestzaal S. 56
- 🍴31 [I E7] Alex Schrijvers S. 57
- 🍴32 [I I6] Atelier Solarshop S. 57
- 🍴33 [I F7] Coccodrillo S. 57
- 🍴34 [I E7] De Vagant Slijterij S. 57
- 🍴35 [I F7] Huis A Boon S. 57
- 🍴36 [I H7] Pardaf S. 57
- 🍴37 [I E7] Renaissance S. 57
- 🍴38 [I E7] Rosier 41 S. 57
- 🍴39 [I E6] Antiquitätenmarkt auf dem Lijnwaadmarkt S. 57
- 🍴40 [I D7] Antiquitätenmarkt St.-Jansvliet S. 57
- 🍴41 [I H6] Bücher- und Trödelmarkt De Coninckplein S. 57
- 🍴42 [I F5] Biomarkt auf dem Falconplein S. 58
- 🍴43 [I G8] Markt am Oude Vaartplaats und Theaterplein S. 58
- 🍴44 [I E7] Trödelmarkt auf dem Vrijdagmarkt S. 58
- 🅟45 [I E9] Ciro's S. 58
- 🅟46 [I D6] InVINcible S. 58
- 🅟47 [I D9] Kommilfoo S. 58
- 🅟48 [I F4] 't Zilte S. 58
- 🅟49 [I E5] Lux S. 59
- ⓾50 [I G10] 22b Zoet Zout Enzo S. 59
- 🅟51 [I D9] Fiskebar S. 59
- ⓾52 [I E7] Lombardia S. 59
- ⓾53 [I F7] Bourla Schouwburg S. 59
- ⓾54 [I F8] Caffénation S. 59
- 🅟55 [I C10] puur personal cooking S. 59
- ⓾56 [I F7] Cuperus S. 60
- ⓾57 [I D7] Me&My Monkey S. 60
- ⓾58 [I E7] Absinthbar S. 60
- ⓾59 [I E5] Cafe d'Anvers S. 60
- ⓾60 [I E6] Cocktails At Nine S. 60
- 🅟61 [I H1] IKON S. 60
- ⓾62 [I C10] Sips S. 60
- ⓾63 [I F4] Koninklijk Ballet van Vlaanderen S. 60
- 🅟64 [I M6] Muziekcentrum Trix S. 60
- ⓾65 [I G7] Stadsschouwburg S. 60
- ⓾66 [I H7] Vlaamse Opera S. 60
- 🏛67 [I C9] FoMu S. 61
- 🏛68 [I G7] Koningin Fabiolazaal S. 61
- 🏛70 [I E7] Modemuseum MoMu S. 61
- 🏛71 [I F7] Museum Mayer van den Bergh S. 61
- 🏛72 [I C9] Museum van Heedendaagse Kunst (M HKA) S. 61
- 🏛73 [I E3] Red Star Line Museum S. 61
- 🏛74 [I F6] Rockoxhuis S. 61
- ●75 [I F4] Hafenrundfahrten mit Flandriaboat S. 62
- ℹ171 [I E6] Tourismus & Kongress Antwerpen S. 119
- ●177 [I H7] Aquatopia S. 121
- ✉180 [I E7] Hauptpost Antwerpen S. 123
- ●183 [I D7] De Ligfiets S. 123
- ℹ189 [I F5] Hessenhuis Café S. 124
- ℹ190 [I E5] Red&Blue S. 124
- 🚔192 [I E7] Polizei Antwerpen S. 124
- 🅂195 [I H4] Park Spoor Noord S. 125
- 🏨200 [I G4] Best Western Hotel Docklands S. 129
- 🏨201 [I F6] De Witte Lelie S. 129
- 🏨202 [I I8] Lindner Hotel & City Lounge Antwerpen S. 129
- 🏨203 [I I7] Park Inn Antwerpen S. 129
- 🏨204 [I I7] Radisson Blu Astrid Hotel S. 129
- 🏨205 [I F8] Residentie 't Elzenveld S. 130
- 🏨206 [I D10] Rubenshof S. 130
- 🏨207 [I M9] Van der Valk Antwerpen S. 130
- 🏨208 [I J9] TRYP by Wyndham S. 130
- ⛺228 [I D3] Camping De Molen S. 131

Hier nicht aufgeführte Nummern liegen außerhalb der abgebildeten Karten. Ihre Lage kann aber wie die von allen Ortsmarken im Buch mithilfe der Web-App angezeigt werden (siehe Umschlagklappe).

Nützliche Adressen

Einkaufen

Antwerpen ist Belgiens wichtigste Einkaufsstadt. Mit der Meir, einer langgestreckten, breiten Fußgängerzone inmitten der Stadt, findet sich hier auch die wichtigste Einkaufsmeile des Landes. Und weil es vom Bahnhof zu den Shoppingzonen nur ein knappes Viertelstündchen Fußmarsch ist, kommen auch die Menschen aus Brüssel gern zum Einkaufen her.

Antwerpens Shoppingdreieck erstreckt sich zwischen Hauptbahnhof ❶, Groenplaats ❻ und dem Museumsviertel im Süden ⓭. **Zentrale Einkaufsachse** ist die **Meir** ❹. Zu beiden Enden wird sie von den Metro-Stationen Opera und Meir begrenzt. Dazwischen finden sich fast alle großen Ladenketten Europas, dazu Buchhandlungen, Einrichtungshäuser, Drogerien und gastronomische Betriebe. Zu einem Großteil finden sich die Läden hinter historischen Fassaden in aufgemotzten Prachtbauten aus der Zeit um die vorletzte Jahrhundertwende.

Auf jeden Fall sollte man an der Meir einen Abstecher in den **Stadsfeestzaal (Stadtfestsaal)** machen. Früher diente der 1908 erbaute neoklassizistische Saal als Ausstellungsraum oder als Kulisse für Autosalons und Antikmöbelbörsen, heute ist er ein vornehmes Kaufhaus mit Champagnerbar. Wenig weiter lockt das renovierte **Paleis op de Meir**.

Interessante kleine Geschäfte finden sich auch in den umliegenden Gassen – vor allem im sogenannten „Quartier Latin" entlang der Schuttershofstraat [I F7] und rings um den Horta-Komplex an der Straße Hopland. Auch entlang der Leopoldstraat [I F8] und dem Mechelsesteenweg [I F9] und rund um den Komedieplaats [I F7] kommen Einkaufsbummler auf ihre Kosten. Eiermarkt und Schoenmarkt verbindet das **Grand Bazar Shopping Centre**, das größte Einkaufszentrum der Innenstadt. Das Mekka aller Modebewussten aber ist die **Nationalestraat** ⓫ und ihre Nebenstraßen, die mit vielen Boutiquen aufwarten (s. S. 46). Zweimal jährlich (April/Mai und Okt./Nov.) laden sie zum Stocksale, einer Art Lagerverkauf, bei dem nur mit Bargeld bezahlt werden kann.

Antiquitäten- und Trödelläden, aber auch schicke Designerläden ballen sich entlang der Kloosterstraat [I D7/8]. Wer alte Musikinstrumente, Bücher, Schallplatten oder Spielsachen sucht, wird hier genauso fündig wie Sammler alter Möbel. Die meisten Antikläden sind von Mittwoch bis Sonntag (13–18 Uhr) geöffnet, was die Citybummler vor allem sonntags schätzen. In der Südstadt ist Kunst und Kultur angesagt. Hier reihen sich moderne Galerien rund um Vlaamse- und Waalsekaai. Freunde edler Steine sollten im **Diamantenviertel** ❸ Station machen.

Einkaufscenter in Antwerpen

🏠**29** [I E7] **Grand Bazar Shopping Centre**, Beddenstraat 2, Tel. 03 2312501, www.grandbazarantwerp.be, Mo.–Sa. 10–18.30 Uhr. Ein halbes Hundert Geschäfte – vom Buchladen bis zum Schuster.

🏠**30** [I G7] **Stadsfeestzaal**, zwei Eingänge: Meir 78 und Hopland 31, www.stadsfeestzaal.com, Tel. 03 2023100, Mo.–Sa. 10–18.30 Uhr. Heimstatt von rund 30 Markenartiklern.

Ausgefallene Einkaufsideen

31 [I E7] **Alex Schrijvers,** Everdijstraat 8, Tel. 03 2903406, www.alexschrijvers.be, Mo. 13–18, Mi.–Sa. 11–18 Uhr. Hochwertige und stylische Taschen für Damen und Herren.

32 [I I6] **Atelier Solarshop,** Dambruggestraat 48, www.ateliersolarshop.be, Mi.–Sa. 12–18.30 Uhr. Von den Herrendesignern Jan-Jan Van Essche und Piëtro Celestina initiierter Laden, der hochwertige Designerkleidung und Kunst bietet.

33 [I F7] **Coccodrillo,** Schuttershofstraat 9 A/B, Tel. 03 2332093, www.coccodrillo.be, Mo.–Sa. 10–18 Uhr. Antwerpens exklusivstes Schuhgeschäft.

34 [I E7] **De Vagant Slijterij,** Reyndersstraat 25, www.devagant.be, Tel. 03 2331538, Mo./Mi.–Sa. 11–18 Uhr. Unter vielen Hundert Genevern findet man in diesem Spirituosenladen den richtigen.

35 [I E7] **Huis A Boon,** Lombardenvest 2, Tel. 03 2323387, www.glovesboon.be, Mo.–Sa. 11–18 Uhr. Kleine Handschuhmanufaktur mit über 100-jähriger Tradition. Nostalgie pur!

36 [I H7] **Pardaf,** Gemeentestraat 8, Tel. 03 2326040, www.pardaf.be, Mo.–Sa. 11–18 Uhr. Mischung aus Secondhand- und Trödelladen.

37 [I E7] **Renaissance,** Nationalestraat 28–32, Tel. 03 3690108, www.renaissance-antwerp.com, Mo.–Sa. 10.30–19 Uhr. Exklusiver Modeladen mit ausgesuchten Labels.

38 [I E8] **Rosier 41,** Rosier 41, Tel. 03 2255303, www.rosier41.be, Mo.–Sa. 10.30–18 Uhr. Secondhandladen für Designer-Klamotten.

Märkte in Antwerpen

Groß ist die Antwerpener Markttradition. Neben den traditionellen Märkten gibt es jeden dritten Sonntag auf der Cominchplein einen Büchermarkt (10–17 Uhr, nicht im Winter). Und von März bis Okt. lockt jeden letzten Mittwoch im Monat ein Trödelmarkt (10–18 Uhr)

39 [I E6] **Antiquitätenmarkt auf dem Lijnwaadmarkt,** Sa. 9–17 Uhr (Ende März bis Okt.)

40 [I D7] **Antiquitätenmarkt St.-Jansvliet,** So. 9–17 Uhr (Ostern bis Okt.)

41 [I H6] **Bücher- und Trödelmarkt De Coninckplein,** www.brocantwerpen.be

◁ *Besonders geschätzt sind Antwerpens Märkte wie der Rubensmarkt (s. S. 13), der im August stattfindet*

- **42** [I F5] **Biomarkt auf dem Falconplein**, So. 8–16 Uhr
- **43** [I G8] **Markt am Oude Vaartplaats und Theaterplein**, Sa. 8–16 Uhr Lebensmittel aus aller Welt, So. 8–13 Uhr Blumen, Tiere, Textilien, Trödel
- **44** [I E7] **Trödelmarkt auf dem Vrijdagmarkt**, Fr. 9–13 Uhr. Mit Hausratsversteigerungen.

Gastronomie

Restaurants

- **45** [I E9] **Ciro's** €-€€, Amerikalei 6, Tel. 03 2381147, www.ciros.be, Di.–So. 11–23 Uhr. Essen wie zu Großmutters Zeiten: Muscheln mit Fritten oder Pferdefleisch, das als Filet mit Salat und Pommes serviert wird. Küche durchgehend geöffnet!
- **46** [I D6] **InVINcible** €€, Haarstraat 9, Tel. 03 2313207, www.invincible.be, Mo.–Fr. 12–13.30 und 18.30–22 Uhr. Viel gelobtes Restaurant, bei dem man den Köchen bei der Arbeit zusehen kann. Täglich neue Menüangebote.
- **47** [I D9] **Kommilfoo** €€€, Vlaamse Kaai 17, Tel. 03 2373000, www.restaurantkommilfoo.be, Di.–Sa. 12–14 und 19–21.30 Uhr. Olivier de Vinck, einer der besten belgischen Küchenchefs, verwöhnt seine Gäste alle fünf Wochen mit einem neuen Menü. Kenner schätzen die Schulterstücke seiner Pyrenäen-Ziegen.

EXTRATIPP

Essen mit Aussicht

- **48** [I F4] **'t Zilte** €€€, Hanzestedenplaats 1, Tel. 03 2834040, www.tzilte.be, Di.–Sa. 12–14 Uhr und 19–21 Uhr. Exklusives Restaurant im Obergeschoss des neuen Museums MAS (Museum aan de Stroom) mit einmaligem Rundblick über die Stadt, Schelde und Hafen. Für erlesene Mahlzeiten bürgt der mit zwei Michelin-Sternen dekorierte Koch Viki Geunes. Fünf-Gänge-Menüs ab 115 €.

Für den späten Hunger

› **Fritkot Max**, Antwerpen. Im Herzen Antwerpens schmecken die frischen Pommes noch um Mitternacht (s. S. 21).

Dinner for One

Wer bei Steven de Smedt speist, braucht keine Karte. Auf den Tisch kommt, was der Markt hergibt, die passenden Weine sucht der Chef für den Gast persönlich aus. Nur Zeit sollte man mitbringen, handelt es sich bei puur personal cooking doch um einen Ein-Mann-Betrieb. Steve ist Kellner und Koch in einer Person. Man kann ihm bei der Arbeit an seinen Öfen mitten im Restaurant auch noch zusehen. Mittags zaubert er zu einem Festpreis drei Gänge, abends vier Gänge auf den Tisch.

55 [I C10] **puur personal cooking** €€–€€€, Edward Pecherstraat 51, Tel. 0495832487, Di.–Fr. 12–14 und 19–21.30 Uhr

49 [I E5] **Lux** €€–€€€, Sint-Aldegondiskaai 20, Tel. 03 2333030, www.luxantwerp.com, Di.–Fr. 12–14.30 und 18–22, Sa. 18–22 Uhr. Schickes Lokal am Bonapartedok. Hier serviert man Leckeres von der Seezunge bis zur opulenten Meeresfrüchteplatte. Relativ preiswerter Businesslunch.

Für den kleinen Hunger und Geldbeutel

50 [I G10] **22b Zoet Zout Enzo** €, Sint-Vincentiusstraat 22B, Tel. 0475674930, www.22b.be, Mo.–Fr. 8–20 Uhr. Kleine Lunchbar mit hausgemachten Snacks, Quiche, Lasagne, Pasta, Salaten und Brownies. Auch Vegetarisches, Selbstbedienung!

◁ *Einmalig ist das Ambiente im De Foyer, einem Theaterbau aus dem 19. Jahrhundert*

51 [I D9] **Fiskebar** €€–€€€, Marnixplaats 11, Tel. 03 2571357, www.fiskebar.be, Mo.–Do. 18–21.30, Fr. 11–22, Sa. 12–22, So. 12–21 Uhr. Frischer Fisch, den man selbst an der Theke auswählt. Reservierung angeraten!

Vegetarische Küche

52 [I E7] **Lombardia** €–€€, Lombardenvest 78, www.lombardia.be, Tel. 03 2336819, Mi.–Sa. 8–18 Uhr. Lunch-Bar, die Naturprodukte verwendet, meist laktose- und glutenfrei, übrigens wird hier sogar glutenfreies Bier angeboten.

Cafés

53 [I F7] **Bourla Schouwburg**, Komedieplaats 18, www.defoyer.be, Tel. 03 2335517, Di.–Fr. 10–18 Uhr und an Theaterabenden. In dem zwischen 1827 und 1834 geschaffenen Theater trifft man sich mittags zum Kaffee, später zum Cocktail.

54 [I F8] **Caffénation**, Mechelsesteenweg 16, www.caffenation.be, Tel. 03 6897013, So. 11–18, Mo.–Fr. 8.30–19,

Sa. 9–19 Uhr. Alternativ angehauchtes Café mit Terrasse, meist junges Publikum.

56 [I F7] **Cuperus,** Sint Katelijnevest 51, Tel. 03 2332589, www.cuperuskoffie.be, Mo.–Sa. 8.30–18 Uhr. Antwerpens ältestes Tee- und Kaffeehaus röstet seine Kaffeebohnen selbst.

57 [I D7] **Me&My Monkey,** Oever 18, tgl. 11–18 Uhr. Café und Plattenladen in einem. Für alle Vinylfreunde gibt es zur Stärkung auch Kuchen und Brote!

Nachtleben

58 [I E7] **Absinthbar,** Papenstraatje 1, www.absinthbar.be, Tel. 03 2262022, Mo.–So. ab 11.30 Uhr. Dick wie ein Buch ist die Getränkekarte, auf der sich neben diversen Cognacs und Grappas auch Caipirinha und Mojito finden. Die meisten Gäste aber kommen wegen des Absinths, der in Belgien inzwischen wieder ausgeschenkt werden darf.

59 [I E5] **Cafe d'Anvers,** Verversrui 15, Tel. 03 2263870, www.cafe-d-anvers.com, Do. 23–6, Fr./Sa. 23–7.30 Uhr, Eintritt: ca. 10 €. Seit mehr als 25 Jahren eine Institution und ein Mekka der Housemusic. Tolle Stimmung mitten im Rotlichtviertel! Mindestalter: 18 Jahre.

60 [I E6] **Cocktails At Nine,** Lijnwaadmarkt 9, Tel. 03 7071007, www.cocktailsatnine.be, Mi.–Fr. 18–1, Sa./So. 15–24 Uhr. Im Sommer lockt die große Terrasse, im Winter der offene Kamin in dem mehr als 200 Jahre alten Haus. Frische Cocktails, feinste Whiskys. Gut, aber auch teuer!

61 [I H1] **IKON,** Straatsburgdok, Kotterstraat, Tel. 03 2955465, www.ikonantwerp.com, Do. 22–6, Fr./Sa. 23–6 Uhr. Einer der jüngsten Musikklubs der Stadt beherbergt drei verschiedene Bühnen mit unterschiedlicher Musik, oft auch Livemusik. Platz für bis zu 2500 Personen. Mindestalter: 16 Jahre, samstags 18 Jahre!

62 [I C10] **Sips,** Gillisplaats 8, Tel. 03 2573959, www.sips-cocktails.com, Mo.–Sa. 17–1, So. 15–23 Uhr. Populäre Cocktailbar im Süden. Barchef Manuel Wouters kennt angeblich über 1000 verschiedene Rezepturen ...

Theater und Konzerte

63 [I F4] **Koninklijk Ballet van Vlaanderen,** Kattendijkdok-Westkaai 16, Tel. 03 2343438, www.koninklijkballetvanvlaanderen.be. Belgiens bestes Ballettensemble glänzt mit Klassikern und modernsten Inszenierungen.

64 [I M6] **Muziekcentrum Trix,** Noordersingel 28–30, Tel. 03 6700900, www.trixonline.be. Musikzentrum im Stadtteil Borgerhout mit viel Livemusik. Internationales Publikum!

65 [I G7] **Stadsschouwburg,** Theaterplein 1, Tel. 090069900, www.stadsschouwburg-antwerpen.be. Konzert- und Theatersaal mit gut 2000 Plätzen. Sehr große Bühne, auf der vor allem Musicals, Pop, Rock, aber auch Oper, Schauspiel, klassische Konzerte und Kinderprogramme gezeigt werden.

66 [I H7] **Vlaamse Opera** Frankrijklei 1, Tickets: Tel. 070220202, www.operaballet.be. Antwerpens renommierteste Kulturadresse bietet Oper, Konzerte und Ballett. Das Ensemble bespielt auch das Opernhaus in Gent.

EXTRAINFO: Tickets und Programme

Über die aktuellen Inszenierungen informieren die örtlichen **Kulturkalender** oder die Websites der Veranstalter. **Online-Tickets** für die großen Veranstaltungen wie Rockkonzerte, Musicals oder andere Events in Antwerpens Lotto-Arena oder Sportpalais gibt es im Internet unter www.onlineticketsshop.de.

Museen und Galerien

67 [I C9] **FoMu,** Waalsekaai 47, Tel. 03 2429300, www.fotomuseum.be, Di.–So. 10–18 Uhr, 8 €. Das Foto-Museum Provincie Antwerpen präsentiert wechselnde Fotoausstellungen. Im gleichen Haus findet sich auch ein renommiertes Programmkino (www.cinemazuid.be).

68 [I G7] **Koningin Fabiolazaal,** Jezusstraat 28, Tel. 03 2249550, Di.–So. 10–17 Uhr, 4 €. Hier sind momentan die Werke des 19. und 20. Jahrhunderts aus dem Königlichen Museum für Schöne Künste (s. S. 48) zu sehen.

69 [I G7] **Middelheimmuseum,** Middelheimlaan 61, Tel. 03 2883360, www.middelheimmuseum.be, Okt.–März 10–17 Uhr, April und Sept. 10–19 Uhr, Mai und August 10–20 Uhr, Juni/Juli 10–21 Uhr. Um mehrere Hektar erweitert und ganz neu gestylt präsentiert sich das renommierte Freiluftmuseum am Stadtrand. Vor allem im Sommer ein erholungsreicher Ausflug in die Kunst der Gegenwart. Bildhauer aus aller Welt prägen die Ausstellung.

70 [I E7] **Modemuseum MoMu,** Nationalestraat 28, Tel. 03 3389585, www.momu.be, Di.–So. 10–18 Uhr, 8 €. Aktuelle Kleidungstrends sowie Mode aus den letzten 500 Jahren (s. S. 46).

15 [I F5] **Museum aan de Stroom (MAS),** Antwerpen. Das Museum vereint die Sammlungen des Nationalen Schifffahrtsmuseums mit denen des Volkskundemuseums und des Ethnografischen Museums.

71 [I F7] **Museum Mayer van den Bergh,** Lange Gasthuisstraat 19, Tel. 03 3388188, www.museummayervandenbergh.be, Di.–So. 10–17 Uhr, 8 € (Kombiticket mit Rubenshaus **5** 10 €). In einem neogotischen Herrenhaus trug der Sammler Fritz Mayer van den Bergh Ende des 19. Jh. mittelalterliche und barocke Kunstwerke zusammen: Plastiken, Möbel, Gemälde, Teppiche und Schmiedearbeiten von hohem künstlerischen Rang. Zu den bedeutendsten gehört ein Werk des niederländischen Malers Pieter Brueghel d. Ä.: die „Dulle Griet", ein Weltuntergangsszenario voll höllischer Visionen.

12 [I D7] **Museum Plantin-Moretus,** Antwerpen. Eine der wichtigsten europäischen Druckwerkstätten der Renaissancezeit beherbergt heute eine einmalige typografische Sammlung, u. a. auch eine Gutenbergbibel. Das Museum wurde als erstes der Welt in die Liste des Weltkulturerbes aufgenommen. Die Werkstatt gilt als erste industrielle Buchdruckerei.

72 [I C9] **Museum van Heedendaagse Kunst (M HKA),** Leuvenstraat 32, Tel. 03 2609999, www.muhka.be, Di.–So. 11–18 Uhr (Do. bis 21 Uhr), 10 €. In einem ehemaligen Getreidespeicher und Warenhaus präsentiert das Museum für Zeitgenössische Kunst moderne und modernste Kunst. Mehrmals jährlich wechselnde Ausstellungen geben Einblick in aktuelle Entwicklungen des Kunstmarktes.

73 [I E3] **Red Star Line Museum,** Montevideostraat 3, Tel. Tel. 03 2982770, www.redstarline.be, Di.–Fr. 10–17, Sa/So. 10–18 Uhr, 8 €. In einem alten Warenlager der Schifffahrtsgesellschaft informiert das neue Museum über die Geschichte der Atlantik-Linie und der über zwei Millionen Menschen, die mit ihr von hier nach Amerika fuhren.

74 [I F6] **Rockoxhuis,** Keizerstraat 10–12, Tel. 03 2019250, www.rockoxhuis.be, Di.–So. 10–17 Uhr, 8 €. In authentisch möblierten Zimmern finden sich in dem Patrizierhaus des ehemaligen Bürgermeisters Nicolaas Rockox heute Gemälde von Rubens, van Dyck, Jordaens, Teniers, Brueghel, Quentin Massys (Metsys) und anderen.

Rundfahrt durch Antwerpens Hafen

Von April bis Oktober starten an der Londonbrücke die großen Hafenrundfahrten, die **Touren durch einen der größten Häfen der Welt,** *der Nummer zwei in Europa. 150 oder 90 Minuten geht es an alten Schleusen und Werften entlang, vorbei an 85 Kilometer Kaianlagen. Würde man sie zu Fuß abschreiten, wäre man Tage unterwegs. Rund 200 Millionen Tonnen Fracht werden hier jährlich umgeschlagen, Waren für ganz Mitteleuropa, Tendenz steigend.*

Mehrsprachig und manchmal auch in Deutsch stellt ein Führer den Hafen während der Rundfahrt vor, erzählt von seiner langen Geschichte, vor allem aber vom Alltag heute. Viel ist von Zahlen die Rede, von Tonnen, Litern oder Stück, kaum jedoch von Menschen, denen Maschinen längst einen Großteil der Arbeit abgenommen haben. Tausende aber sind im Hafen noch immer in Lohn und Brot. Vom Schiff aus kann man ihnen bei der Arbeit auf den Werften oder vor den Lagerhallen zusehen, dort, wo die Waren umgeschlagen werden: Bananen aus Afrika, Ananas aus Südamerika, Granit aus Brasilien, Kohle aus Russland, Kaolin aus China und vor allem Stahl. Die Liste könnte man seitenlang fortsetzen.

Riesige und tonnenschwere Kräne, *der größte kann bis zu 800 Tonnen wuchten, sind ihre wichtigsten Helfer, mit Armen, die täglich viele Tausend Container packen. Zwanzig Meter lange Kisten, vollgestopft mit Elektronik, Möbeln, Kleidung, kurz mit allem, was der Mensch so braucht. Riesige Sauger schichten in Sekunden Tonnen von Getreide um. Und noch schneller schaffen mächtige Pumpen Rohöl aus den Bäuchen der Tanker an Land. Dahinter stehen die Anlagen der Petrochemie, auch sie größer als alle anderen in Europa. Die alten Schleusen und Brücken aus dem letzten und vorletzten Jahrhundert, die man zum Touranfang quert, wirken dagegen wie aus der Steinzeit. Das größte Interesse auf der Tour aber finden die* ***gigantischen Überseeriesen.*** *Neben diesen Riesenpötten wirkt das Boot der Hafenrundfahrer fast wie eine Nussschale.*

Einen schönen Eindruck vom Leben im Hafen vermittelt auch ein kleiner Pavillon zu Füßen des Museums aan de Stroom (MAS) ❶❺*. Per Videosignal übermittelte Live-Bilder aus dem Hafen gibt es dort ebenso zu sehen wie einen 15-minütigen Film auf einer 360-Grad-Rundumleinwand. Das kleine* **Hafenmuseum** *ist dienstags bis sonntags von 9.30 bis 17.30 Uhr geöffnet und kostet keinen Eintritt.*

●**75** *[I F4]* **Hafenrundfahrten mit Flandriaboat,** *www.flandria.nu, Abfahrt Londenstraat (Londenbrug). Kleine Hafenrundfahrt: Mai–Sept. Di.–So., Okt. Fr.–So. 10.30 Uhr, 12 €. Große Hafenrundfahrt: Mai–Sept. Di.–So., Okt. Fr.–So. 14.30 Uhr, 16 €. An Feiertagen früh da sein, weil das Boot, wenn es voll ist, startet! Da sich die Abfahrtszeiten ändern können, bitte aktuell auf der Website informieren. Von Mai bis November hat man die Gelegenheit, an einem* ***zweieinhalbstündigen Candlelight Cruise*** *teilzunehmen, einer Dinnerkreuzfahrt (20 Uhr).*

BRÜGGE

Brügge entdecken

Fast 500 Jahre lag das Städtchen im Schönheitsschlaf, ehe es engagierte Bürger weckten. Heute steht Brügges Altstadt komplett unter dem Schutz des Weltkulturerbes, ist Brügge neben Brüssel Belgiens erste Touristikadresse. Gut drei Millionen Besucher streifen jährlich durch die Gässchen, gleiten auf Booten durch Grachten oder kurven mit Kutschen durch die einstige Wikingersiedlung. Brügges Kirchen und Museen genießen Weltruhm, die Feste und Veranstaltungen im In- und Ausland Ansehen. „Venedig des Nordens" nennt sich das Städtchen gern, von dessen fast 120.000 Einwohnern allerdings nur jeder zwanzigste in der denkmalgeschützten Altstadt lebt.

Geschichte

„Bryggja", also Landungsplatz, tauften die Wikinger im 9. Jh. den Siedlungsflecken an der Rei-Mündung. Anno 864 errichtete Markgraf Balduin I. hier eine Burg, die Brügges **Ruf als Handelsstadt** begründete.

Schon **im Mittelalter** zählte die Stadt **neben Venedig zu den Zentren der damaligen Weltwirtschaft**. Bank- und Handelshäuser aus mehr als einem Dutzend Ländern hatten hier ihre Niederlassungen. Stapelrechte brachten Geld in die Kassen, der Handel mit Wein und Gewürzen, Stoffen und Pelzen Wohlstand. Besonders zugute kam Brügge der Umstand, dass fremde Händler für Kauf und Verkauf ihrer Waren immer einen Brügger Vermittler in Anspruch nehmen mussten, was zusätzliches Geld brachte. Eines der wichtigsten Handelshäuser war das Wirtshaus der Familie van der Beurze, das damit Namenspate wurde für all jene Börsen, die heute die Weltwirtschaft maßgeblich bestimmen.

Schließlich aber **spalteten die Auseinandersetzungen zwischen England und Frankreich die Bewohner der Stadt**. Die minderprivilegierten Handwerker hielten es mit ihrem flandrischen Grafen und England, der Adel stand auf Seiten Philipps von Frankreich, dessen Truppen anno 1297 die Stadt besetzten. Weil die neuen Statthalter aber Brügges Bürger ständig unterdrückten, brachten die letzteren im Mai 1302 alle französischen Besatzer um – ein schreckliches Gemetzel, das als „Brügger Frühmette" Geschichte machte.

Für ein besseres Image sorgten **Burgunds Herzöge**, die sich von der politisch instabilen Lage nicht abschrecken ließen und Brügge zum Zentrum des gesellschaftlichen Lebens machten. So feierte man 1430 mit großem Pomp und Prunk die Hochzeit Philipps des Guten mit Isabella von Portugal, 1486 mit nicht weniger großem Aufwand die Vermählung Karls des Kühnen mit Margareta von York, ein Mammutfest, das Brügge heute alle fünf Jahre beim Umzug des Goldenen Baumes (s. S. 12) neu aufleben lässt.

◁ Vorseite: Eine Fahrt durch die Grachten gehört zum festen Programm der meisten Brügge-Besucher (s. S. 73)

KURZ & KNAPP

Die Stadt in Zahlen
- **Gegründet:** 1128
- **Einwohner:** 118.000
- **Fläche:** 138,4 km²
- **Höhe ü. M.:** 2 m
- **Stadtbezirke:** 8

Flanderns Spitze ist spitze

Alte klöppelnde Frauen, verstaubte Trachten, Omas Tischdeckchen - das sind die Bilder, an die man denkt, wenn von „Spitze" die Rede ist, von durchbrochenem Textilgewebe. Die passende Handarbeitstechnik kam im späten Mittelalter auf - und noch heute streiten sich Norditaliener und Flamen, wer die Idee dazu hatte. Stolz zeigen die Belgier heute auf ein Bild von Hans Memling, der anno 1485 einen Priester in einem Chorhemd mit Spitzenschmuck malte.

Im 16. Jh. begann der Siegeszug der Spitzenmode, Manschetten und Kragen wurden aufwendig verziert. Vor allem bei Europas Fürsten und ihrem Hofstaat genoss die Spitze **als modisches Accessoire große Beliebtheit.** In Gent findet sich noch heute ein Bild, das Österreichs Kaiserin Maria Theresia in einem prunkvollen Kleid aus filigraner Spitze zeigt, das Flandern ihr 1744 zur Amtseinführung schenkte. Zum Dank für das Prunkgewand ließ sich Ihre Majestät porträtieren und schickte das Gemälde nach Gent, wo es noch heute im Rathaus hängt.

Spitze jedenfalls war in dieser Zeit ein echtes **Statussymbol,** mit dem sich nicht nur Frauen, sondern auch der männliche Adel und vielfach auch der Klerus schmückten. Kein Wunder, dass die Preise für handgearbeitete Kleidung und Decken immer mehr ausuferten und auf diese Weise sogar Europas Geldmarkt gefährdeten. Spanien erließ deshalb immer wieder neue Verbote, Spitze zu tragen.

Vor allem in Flandern versuchte man, der steigenden Nachfrage nachzukommen. So eröffneten apostolische Schwestern 1717 in Brügge eine der ersten **öffentlichen Klöppelschulen.** Seitdem gehörte es zum guten Ton, Spitze in Heimarbeit zu fertigen. Mit Beginn der **Industrialisierung** aber verlor das Handwerk an Bedeutung und drohte gar auszusterben. Mit Erfindung der Tüllmaschine (1809), die ein Grundnetz herstellte, auf das Ornamente nur noch aufgenäht werden mussten, und der Indienstnahme weiterer Textilautomaten geriet die Kunst des Klöppelns fast in Vergessenheit.

Um das alte Handwerk nicht ganz Geschichte werden zu lassen, gründete man 1970 in Brügge das sogenannte **Kantcentrum,** in dem heute das traditionelle Klöppeln fast jeden Nachmittag Besuchern gezeigt und gelehrt wird. Wer einer der Spitzenklöpplerinnen über die Schulter schaut und Gefallen an dieser Arbeit findet, kann dort auch einen Workshop besuchen und die alte Kunst des Klöppelns selbst erlernen. *Die* **erfreut sich seit Kurzem wieder großer Popularität.** So organisierte Brügge Anfang 2009 das mehrmonatige Festival „Spitze & Design", das die kulturelle Bedeutung der Klöppelkunst würdigte. Rasen und Grünflächen wurden mit Spitzenmotiven geschmückt, sogar ein Stadtplan geklöppelt.

🔖**76** *[II F6]* **Kantcentrum,** *Balstraat 16, Brügge, Tel. 050 330072, www.kantcentrum.eu, Mo.-Sa. 9.30-17 Uhr, April-Sept. auch So. (Klöppelvorführung: Mo.-Sa. 14-17 Uhr), Eintritt: 5,20 €. Zu den zweistündigen Schnupperkursen für das Klöppelhandwerk muss man sich Wochen vorher anmelden!*

Einige **empfehlenswerte Spitzengeschäfte** werden auf S. 82 genannt.

Mit der **Versandung des Zwin** Ende des 15. Jh., des Meeresarmes, der Anschluss an die Weltmeere garantiert hatte, waren immer mehr Kaufleute gezwungen, ihre Kontore nach Antwerpen zu verlegen. Auch die burgundische Staatsführung drängte aus wirtschaftlichen Gründen auf den Umzug. Hinzu kamen die **religiösen Wirren des 16. Jh.**, die der wirtschaftlichen Entwicklung schadeten und Brügge immer neue Besatzer brachten.

Für Jahrhunderte **versank die Stadt in einen Dornröschenschlaf.** Selbst als Belgien selbstständiges Königreich wurde, lebte fast die Hälfte der Bevölkerung Brügges von Almosen und Zuwendungen der Wohlfahrt. „Ein reizendes, kleines katholisches Amsterdam" nannte der Dichter Paul Verlaine damals die Siedlung.

Einen touristischen Aufschwung brachten erst aufwendige Renovierungen. Glücklicherweise überstand die Stadt beide Weltkriege weitgehend unversehrt. Das lag auch an einem deutschen Offizier, der sich weigerte, die Stadt zu beschießen, was den Deutschen in Brügge noch heute Sympathien verschafft. Im letzten Jahrhundert wurde fast alles Barocke aus dem äußeren Stadtbild entfernt und durch Neogotik ersetzt, Millionen von der Meeresluft geschwärzte Ziegel erneuert – ein **Sanierungsprogramm ohne Beispiel,** das die UNESCO schließlich mit der **Ernennung des mittelalterlichen Stadtkerns zum Weltkulturerbe** belohnte.

Mit dem Bau des sogenannten **Boudewijn-Kanals** hat Brügge übrigens seit Anfang des 20. Jh. wieder einen direkten Zugang zur Nordsee.

▷ *'t Zand: neben dem Markt Brügges wichtigster Treffpunkt*

Routenverlauf im Stadtplan
Der hier beschriebene Spaziergang ist mit einer farbigen Linie im Stadtplan eingezeichnet (s. S. 78).

Erlebenswertes im Zentrum

Für viele Touristen ist der Marsch durch Brügge nur ein längerer Stadtspaziergang. Von Bahnhof oder Busbahnhof aus ziehen die Massen gewöhnlich auf festen Pfaden durch die Stadt. Wer Brügge aber richtig kennenlernen will, wer seine mittelalterliche Atmosphäre spüren will, muss auch einmal nachts durch die Straßen ziehen. Dann kommt auch der morbide Charme der Stadt zum Tragen, der am Anfang ihres touristischen Weges stand.

Stadtspaziergang

Der Citybummler startet seine Tagestour am Hauptbahnhof, wo es, abgesehen von Spitzenzeiten, meist auch genügend Parkplätze gibt.

Vom Bahnhof geht es durch eine Grünanlage zum **Platz 't Zand** ❻, der auch reine der Touristeninformationen (s. S. 119) beherbergt. Der geschäftigen Zuidzandstraat folgend passiert man Brügges älteste Pfarrkirche, die **Kathedrale St. Salvator** ㉑. Ein paar Minuten später ist schließlich der **Markt** ❼ erreicht, Brügges Herz mit der **Tuchhalle und dem Belfried,** von dem sich ein herrlicher Blick auf die Stadt eröffnet. Nur ein paar Schritte weiter gelangt man in den **ältesten Teil der Stadt** mit der Heilig-Blut-Basilika ❽ und dem **Rathaus** ❾. Beide lohnen einen Zwischenstop, ehe es durch einen schönen Renaissancebogen über eine kleine Brücke zum

Rozenhoedkaai ⑳, Brügges Schokoladenseite, geht. Hier starten die Boote zur Grachtenfahrt (s. S. 73) und man kann man ein Stündchen auf dem Wasser verschnaufen - mit der Brugge City Card (s. S. 118) übrigens kostenlos.

Erneut den Markt ⑰ Richtung Stadttheater querend und dann am Pommes-Frites-Museum (s. S. 86) vorbei gelangt man zum Jan van Eyck-Plein, einem der **Bilderbuch-Plätze Brügges**. Auch hier laden kleine **Cafés und Bistros** zu einer Verschnaufpause.

An den Grachten entlang wird es langsam ruhiger. Hier rückt ein anderes Brügge ins Bild. Statt Geschäften locken hier **Kirchen** wie das der Heiligen Anna geweihte barocke Gotteshaus am gleichnamigen Platz oder die Jerusalemkerk ㉖. Interessierten Citybummlern sei eine Stippvisite im nahe gelegenen **Museum für Volkskunde** (s. S. 86) ans Herz gelegt, von dem es nicht weit zu den alten Windmühlen (s. S. 17) am Stadtrand ist.

Jetzt aber zurück ins Zentrum, zur Kulturmeile Dijver. Mit dem Groeninge Museum ㉑ findet sich hier der wichtigste Kulturtempel Brügges – und ein paar Schritte weiter erreicht man die Liebfrauenkirche ㉒ mit Michelangelos Madonna. Für Kunstfreunde ist das gegenüberliegende Sankt Jansspital mit den weltberühmten Gemälden Memlings (s. S. 86) ein Muss! Schlusspunkt ist Minnewater ㉓, **Brügges schönster Park** mit dem mittelalterlichen Beginenhof (s. S. 75), der eine Oase der Ruhe ist.

⑯ 't Zand ★ [II C8]

Der große Platz 't Zand ist eines der wichtigsten Eingangstore zur Innenstadt. Blickfang ist der **Laternenturm,** der 28 m über den Platz in die Höhe ragt und den Kammermusiksaal des **Concertgebouw** (s. S. 85) beherbergt. Das stattliche Konzertgebäude leistete sich Brügge zum Kulturhauptstadtjahr 2002. Vom 't Zand, der demnächst neu gestaltet werden soll, führt mit der Zuidzandstraat und der anschließenden Steenstraat eine der geschäftigsten **Einkaufsmeilen** direkt zum Markt ⑰. Eine Alternative ist der Weg über die Noordzand- und St. Amandsstraat [II C/D7].

⓱ Markt mit Belfried und Tuchhalle ★★★ [II D7]

Der Markt ist Brügges zentraler Treffpunkt. Hier finden Gaukler ihr Publikum, warten Kutscher mit Pferden auf Kunden, starten Touristikbusse zu ihren Rundfahrten.

Kein anderer Platz der Stadt ist so belebt, was er vor allem den **vielen kleinen Cafés und Restaurants** an seinen Flanken verdankt. Selbst spätnachts finden sich hier immer noch ein paar Zecher, die erst nach Hause finden, wenn die letzten Kneipen ihre Pforten geschlossen haben.

Mitten auf dem Platz erinnert ein 1887 aufgestelltes **Denkmal** an Jan Breydel und Pieter de Coninck, die anno 1302 beim Aufstand der Brügger Bürger gegen die Franzosen ganz vorne mit dabei waren und deshalb als Volkshelden gelten. Wahrzeichen des Marktes aber ist der 83 m hohe **Belfried (Belfort)**. Er krönt die alten Tuchhallen, in der jene Textilien gehandelt wurden, welche die Stadt einst reich machten. 366 Stufen führen auf die **Aussichtsplattform**, von der sich einer der schönsten Blicke auf Brügge bietet. Ganz oben ziert den Belfried ein kostbares Glockenspiel („Carillon") mit 47 Bronzeglocken, das noch heute regelmäßig ertönt. Aus Sicherheitsgründen dürfen den Turm nur maximal 70 Besucher besteigen, sodass es vor allem an Wochenenden zu längeren Wartezeiten kommt. Abhilfe schafft die frühzeitige **Online-Reservierung!**

Belfriede wie jener in Brügge gehörten im Mittelalter zu den wichtigsten Profanbauten. Diese schlanken und hohen gotischen Glockentürme wurden in der Regel von den Zünften fi-

⌐ Marktplatz mit Belfried und Freiheitsdenkmal ⓱

Brügge entdecken

> **EXTRATIPP**
>
> ### Raucherparadies Jerry's Cigar Bar
>
> Raucherherz, was willst du mehr? Pfeifen aller Art, Zigaretten und Zigarren, dazu feinster Tabak – groß ist die Auswahl in Jerry's Cigar Bar. Seit über 150 Jahren hat sich der Familienbetrieb dem blauen Dunst verschworen. Wer will, kann gleich an Ort und Stelle lospaffen, wozu die kleine Bar einlädt.
>
> 🔒 **77** [II D7] **Jerry's Cigar Bar,** Simon Stevinplein 13, www.jerrycigarbar.com, Tel. 050 337794, Mo.–Sa. 8–18.30 Uhr, So. 9–18.30 Uhr

nanziert und dienten als städtisches Aushängeschild, als Wachturm oder zum Ausrufen öffentlicher Angelegenheiten. Die meisten Belfriede stehen heute unter dem Schutz des UNESCO-Weltkulturerbes, auch der in Brügge. **Historium** (s. S. 86) heißt eine disneyartige Schau in einem anderen Gebäude am Markt, die ebenfalls ins mittelalterliche Brügge führt und ein Gemälde von Jan van Eyck zu neuem Leben erweckt. Geschichtsunterricht mal anders, leider ein bisschen teuer!

> **Belfried,** Markt 7, www.brugge.be, tgl. 9.30–18 Uhr (Tickets bis 17.15 Uhr), 10 €

⓲ Heilig-Blut-Basilika ★★ [II D7]

Die Heilig-Blut-Basilika gilt als **Brügges ältester Sakralbau**, davon aber zeugt heute nur noch die auf massigen Säulen ruhende **Unterkirche**. Graf Dietrich von Elsass ließ sie Mitte des 12. Jh. als Doppelkirche bauen und der Gottesmutter und dem heiligen Basilius weihen, dessen Reliquien dort bis heute verehrt werden. Die **obere Kapelle**, zu der eine schöne Wendeltreppe führt, lässt nur noch wenig von der Romanik spüren. Hier dominieren Renaissance, Rokoko und Neogotik.

Blickfang ist die rechte Seitenkapelle, in der die **Reliquie des Heiligen Blutes** offiziell freitagmittags um 14 Uhr verehrt wird, inoffiziell außer mittwochs auch den Rest der Woche. Jährlich, an Christi Himmelfahrt, wird sie feierlich durch die Stadt getragen (s. Exkurs „Christi Blut bewegt Flandern", S. 70). Die den Originalen des 15. Jh. nachgebildeten Fenster zeigen die Grafen von Flandern, die sich dem Kult um das Heilige Blut besonders verpflichtet fühlten. Ein kleines Museum zeigt religiöse Kunst.

> **Heilig-Blut-Basilika,** Burg 13, Tel. 050 336792, www.holyblood.com, tgl. 9.30–12 und 14–17 Uhr (im Winter mittwochnachmittags geschlossen), Pilgermesse tgl. außer Do. um 11 Uhr, Eintritt zur Schatzkammer: 2,50 €

> **EXTRATIPP**
>
> ### Parken in Brügge
>
> Brügges Innenstadt ist **für Autofahrer ein Albtraum.** Zahllose Einbahnstraßen erschweren den Durchgangsverkehr. Wenn man nicht ein Hotel in der Innenstadt gebucht hat, sollte man deshalb mit dem Auto das Zentrum meiden. In der Stadt selbst ist das Parken auf maximal vier Stunden in der blauen Zone und auf eine oder zwei Stunden in der roten bzw. gelben Zone begrenzt.
>
> Die günstigste Parkmöglichkeit bietet sich im **Parkhaus am Bahnhof** [II C9], wo es fast 1500 Parkplätze gibt und ein Pendelbus regelmäßig ins Zentrum fährt. 3,50 € beträgt hier die Park-Höchstgebühr je Tag, sodass man dort seinen Wagen auch über Nacht abstellen kann. Sonst ist Parken meist deutlich teurer!
>
> > Öffnungszeiten und Parktarife: www.interparking.be

Christi Blut bewegt Flandern

Gold und Silber glänzen in der Nachmittagssonne, 30 Kilo Edelmetall, verziert mit mehr als 100 Edelsteinen, Preziosen von unschätzbarem Wert. Anno 1617 fügte sie ein flämischer Goldschmied zu **Brügges prunkvollstem Schrein** *zusammen, zu einem Meisterstück, das im Lauf der Jahre immer kostbarer wurde. So ließ Maria von Burgund ein goldenes Krönchen auf das Kunstwerk setzen, Schottlands Königin Maria Stuart einen schwarzen Diamanten. Fürst Albert I. stiftete einen großen grünen Smaragd, Leopold I. schönste Gemmen.*

Zu Christi Himmelfahrt geht der Schrein in Brügge auf Tour. Er krönt die **traditionelle Heilig-Blut-Prozession,** *mit der die Stadt seit dem Mittelalter ihrer* **wertvollsten Reliquie** *gedenkt: einem* **mit ein paar Blutstropfen Christi gefüllten Flakon,** *mitgebracht von einem Kreuzzug ins Heilige Land. Ein unbezahlbares Souvenir, das seit Jahrhunderten Millionen von Pilgern in die Stadt geführt hat. Am Festtag lebt seine Geschichte ebenso auf wie die Bibel, gewinnen Altes und Neues Testament Gestalt.*

„Die Prozession", heißt es in Brügge, „versucht eine Antwort auf die Frage nach dem Sinn des Lebens zu geben. Jeder verlangt danach, glücklich zu werden. Dieses Glück bezeichnet man, je nach kulturellem Hintergrund, als Nirwana, Himmel oder eben als das Reich Gottes ..." Viele Hundert Bürger führen diesen Gedanken Jahr für Jahr vor Augen, Bruderschaften, Orden, Zünfte und Kapitelschulen, die sich seit Jahrhunderten der Prozession verpflichtet fühlen. In gut zwei Dutzend Tableaus zeigen sie - ihren Rollen entsprechend kostümiert - die Heilsgeschichte vom Sündenfall bis zur Auferstehung.

Der biblischen Botschaft folgt der Ausflug in die Geschichte. So verweist der **farbenprächtige Aufmarsch von Zünften und Gilden** *in Pelz, Brokat und Seide auf die Zeiten des Wohlstandes, auf Brügges goldene Ära.*

Blickfang der Prozession sind die Reliquienschreine und die barocke Statue „Unserer lieben Frau vom Rosenkranz", Brügges populärstes Marienbild. Ein kleines Glöckchen im dekorativen Holzrahmen und ein halb herabgelassener Sonnenschirm aus gelber und roter Seide kündigen schließlich die Heilig-Blut-Reliquie an. „Conopeum" und „Tintinnabulum" werden Schirm und Glöckchen liturgisch korrekt genannt, vom Papst verliehene Zeichen, die die Bedeutung der Reliquie unterstreichen.

Die **„Edle Bruderschaft vom Heiligen Blut"** *gibt der Reliquie Geleit: 31 Herren in Schwarz, deren Talar ein Pelikan ziert, der seine Jungen mit dem Blut aus seiner geöffneten Brust füttert, eine ikonografische Signatur für Christi Tod. Nur ehrenwerte Leute dürfen dieser Bruderschaft angehören, Männer, die in Brügge zu Hause sein müssen. Zum Schluss kommen die Gäste des Bischofs, Kleriker aus aller Welt, und natürlich Brügges Ratsherren, die daran erinnern, dass die Reliquie einst nicht der Kirche, sondern der ganzen Stadt geschenkt wurde.*

Die Prozession geht auf ein paar Blutstropfen Christi zurück, die Dietrich Graf von Flandern der Überlieferung nach im April 1150 von einem Kreuzzug mitgebracht haben soll - als persönliches Geschenk Balduins III., des Königs von Jerusalem. Vor dem

Volk der heiligen Stadt und flandrischen Kreuzfahrern, so heißt es, habe der Patriarch von Jerusalem die Vase mit dem heiligen Blut Christi genommen, einige Tropfen in eine Phiole aus Kristall gegossen und sie dem Grafen von Flandern feierlich überreicht. In der Basiliuskapelle am Burgplatz fand die Reliquie schließlich Aufnahme, vier Kapläne und ein Priester sollen sich um das Geschenk gekümmert haben. Historiker bezweifeln das und verweisen auf das älteste Heilig-Blut-Dokument aus dem Jahr 1256. Sie gehen davon aus, dass die Reliquie erst um 1230 nach Brügge kam - und auch nicht aus Jerusalem, sondern aus Konstantinopel.

*Eine Prozession findet erstmals Ende des 13. Jh. Erwähnung, ab 1303 spricht man von einem „Heilig-Blut-Umgang", einem Umzug um die alten Stadtmauern, den man schließlich mit dem jährlichen Maimarkt verknüpfte. Neben den biblischen Szenen, die an Mysterienspiele erinnern, ergänzte man die Prozession schließlich durch profane Darstellungen. Riesen und andere Figuren fanden ihren Platz im religiösen Reigen. Als die **reliquienfeindlichen Calvinisten** Brügges Regierung übernahmen, brachten die Katholiken ihre Reliquie in Sicherheit. Damals fand für einige Jahre keine Prozession statt.*

*Umso prunkvoller zeigte sie sich während der anschließenden Gegenreformation, **allegorische Prunkwagen** gaben ihr ein neues Gesicht. Ende des 18. Jh. zwang die Französische Revolution erneut zu einer Prozessionspause. Im 19. Jh. übernahmen die sieben Stadtpfarreien mit ihren Bruderschaften und Kongregationen die Trägerschaft der Prozession, die 1970 schließlich ihren festen Termin am Himmelfahrtstag fand.*

Festprogramm (kann sich gelegentlich ändern!):

› 9 Uhr: Eucharistiefeier in der Basilika
› 11 Uhr: Pontifikalamt in der Kathedrale
› 14.30 Uhr: Beginn der Prozession
› 17.30 Uhr: Segen mit der Heilig-Blut-Reliquie am Burgplatz

Die Prozession startet am Burgplatz, wo sie nach fast drei Stunden auch endet. Entlang vieler Straßen werden Tribünen aufgebaut, deren Plätze das Tourismusbüro vermietet. Die Zuschauer sind gebeten, sich beim Nahen des Reliquienschreins von ihren Plätzen zu erheben und einen Moment innezuhalten.

Im Erdgeschoss informiert eine kostenlose Multimedia-Schau über die Geschichte des Hauses und der Stadt.
› Brügger Freiamt (Brugse Vrije), Burg 11a, Tel. 050 448743, www.museabrugge.be, tgl. 9.30–12.30 u. 13.30–17 Uhr (Tickets bis 12 Uhr u. 16.30 Uhr), 4 €

⓴ Rozenhoedkaai ★★★ [II E7]

Ein schöner Renaissancebogen führt den Besucher hinter dem Rathaus über eine kleine Brücke zum **Vismarkt (Fischmarkt)** [II E7]. Dort werden noch immer die Woche über Fische verkauft, doch manchmal sind es nur noch ein oder zwei Anbieter, die hier ihre eisgekühlten Waren auf steinernen Verkaufstischen offerieren.

Vorbei am Haus der Gerberzunft erreicht man den Rozenhoedkaai, den viele wegen seines Stadtpanoramas für die **schönste Stelle Brügges** halten. Vor allem im Sommer ballen sich dort die Massen, zumal hier auch viele Besucher zu ihren Bootsrundfahrten starten (siehe Extratipp „Brügge mit dem Boot"). Vom Rozenhoedkaai ist es nur ein Katzensprung am baumbestandenen Dijver entlang zum Groeninge Museum ㉑ und dem benachbarten **Gruuthuse-Museum**, einem luxuriösen Stadtpalast, der wegen gründlicher Sanierung **mindestens bis Ende 2018 geschlossen ist**. An den Sommerwochenenden, wenn Künstler und Trödler unter den Bäumen am Flussufer ihren Nippes verkaufen, verströmt der Kai ein bisschen Flohmarkt-Atmosphäre.

⓳ Rathaus (Stadhuis) ★★ [II E7]

Dort, wo sich die ersten Residenzen der Grafen von Flandern befanden, gleich neben der Heilig-Blut-Basilika, findet sich heute das Rathaus, eines der schönsten und ältesten Flanderns.

Von hier wird Brügge seit vielen Hundert Jahren geführt und verwaltet. Als sein Prunkstück gilt der **große gotische Saal** mit kunstvoller Holzdecke und herrlichen Wandmalereien. Das Rathaus entstand zwischen 1376 und 1420 und fasziniert durch seine reich verzierte Vorderfront mit den Statuen aller flandrischen Grafen.

Im linken Flügel, dem Sitz des ehemaligen Gerichts *(Brugse Vrije)*, ist heute das Stadtarchiv zu Hause. Blickfang ist hier der einstige, ebenfalls **gotische Schöffengerichtssaal** mit einem prachtvollen Kamin.

◰ Brügges Rathaus ist immer eine schöne Festkulisse

◳ Grachten-Tour: Brügge von seiner schönsten Seite

㉑ Groeninge Museum ★★★ [II D8]

Sechs Jahrhunderte flämischer Kunst werden im sanierten Groeninge Museum präsentiert, insbesondere die weltberühmten Meister altniederländischer Malerei wie Jan van Eyck. Internationale Anerkennung hat sich das Haus zuletzt vor allem aber mit zahlreichen Wechselausstellungen verschafft, die den Museumsbesuch auch für Stammgäste immer wieder lohnend machen.

Das Markenzeichen des Museums ist die **Sammlung flämischer „Primitiven"**, wie die Kunstwissenschaft im 19. Jh. die altniederländische Malerei bezeichnete. Zu den gezeigten Meisterwerken gehören Bilder von Hans Memling („Triptychon von Willem Moreel", 1484), Jan van Eyck („Madonna mit dem Kanoniker Joris van der Paele", 1436) oder Hugo van der Goes („Der Tod Mariens", um 1470). Hinzu kommen Barock- und Renaissancegemälde, ausgesuchte Perlen des belgischen Symbolismus und des Expressionismus.

› Dijver 12, Tel. 050 448711, www.brugge.be, Di.–So. 9.30–17 Uhr, (Tickets bis 16.30 Uhr) 8 €

EXTRATIPP

Brügge mit dem Boot

„Venedig des Nordens" nennen Touristen Brügge gern. Was also liegt näher, als die Stadt per Boot kennenzulernen. An gleich fünf **Anlegeplätzen** kann man an Bord gehen, die meisten liegen in **der Nähe des Rozenhoedkaais oder der Liebfrauenkirche**. Die rund 30-minütigen Touren führen kreuz und quer durch die **Reien**, wie die Grachten in Brügge heißen – vom Minnewaterpark bis zum J. van Eyckplein.

Die Boote sind in der Regel nicht überdacht, also Wind und Wetter ausgesetzt. Bei Regen werden jedoch Schirme zur Verfügung gestellt. Und eines sollte man immer bedenken: **Kopf einziehen!** Sonst macht man unter Umständen mit einer der vielen mittelalterlichen Brücken unangenehme Bekanntschaft.

Von März bis Oktober verkehren die Boote zwischen 10 und 17 Uhr, den Rest des Jahres je nach Wetterlage (8 €, Kinder 4 €, kostenlos mit Brugge City Card).

22 Liebfrauenkirche ★★ [II D8]

Mit ihrem **122 m hohen Backsteinturm** ist die Liebfrauenkirche um einiges höher als der Belfried am Markt. 1210 hatte man mit dem Bau begonnen, der im 14. und 15. Jh. großzügig erweitert wurde. Karl der Kühne und seine Tochter Maria von Burgund liegen hier begraben. Daneben finden sich noch eine Reihe berühmter Gemälde im Gotteshaus, die wegen der Lichtverhältnisse nicht immer so zur Geltung kommen, wie sie es verdient hätten – unter anderem zwei Tafelbilder des Kölner Malers Lochner.

Die Massen kommen aber wegen einer kleinen Figur im rechten Seitenschiff, einer Madonna, die eigentlich für den Dom von Siena bestimmt war. Der Brügger Kaufmann Jan van Moscroen aber kaufte das Schmuckstück für 100 Dukaten auf und brachte die marmorweiße, lebensgroße Skulptur nach Flandern. Seitdem hat Brügge einen echten **Michelangelo**, der die „Madonna mit Kind" 1503 schuf. Zurzeit wird die Kirche umfassend renoviert, daher kann es sein, dass nicht alle Sehenswürdigkeiten des Gotteshauses immer zugänglich sind.

Gegenüber der Liebfrauenkirche findet sich mit dem Sankt Jansspital eines der ältesten Krankenhäuser Europas. Heute ist die ehemalige Kapelle des Hospitals ein vor allem dem flämischen Maler Hans Memling gewidmetes Museum (s. S. 86). Einen Besuch lohnt auch die alte Apotheke samt Kräutergärten.

› **Liebfrauenkirche,** Mariastraat 38, Tel. 050 448743, www.brugge.be, Mo.-Sa. 9.30-17, So. 13.30-17 Uhr (Tickets bis 16.30 Uhr), 6 €
› **Sint-Janshospitaal,** Mariastraat 38, Tel. 050 448711, Di.-So. 9.30-17 Uhr (Kassenschluss: 16.30 Uhr), Eintritt 8 €. Die Apotheke ist zwischen 11.45 Uhr und 14 Uhr geschlossen!

◸ Nicht nur wegen Michelangelos „Madonna mit Kind" lohnt der Besuch der Liebfrauenkirche

㉓ Minnewater und Beginenhof ★★ [II D9]

Für die meisten Besucher ist Minnewater nur ein wunderschöner, von Schwänen bevölkerter Wasserpark. Genau betrachtet ist es aber der Anfang eines Kanalsystems, das sich durch die ganze Stadt zieht – besonders abends und früh morgens aber auch ein Plätzchen zum Innehalten.

Über die Dijverbrücke und durch ein hohes klassizistisches Portal betritt man den „Fürstlichen Beginenhof", **Flanderns meistbesuchtes Stift.** Heute wird es von Benediktinerinnen bewohnt, nachdem 1971 die letzte Begine starb (siehe Exkurs „Beginen"). Gleich neben dem Eingang findet sich ein kleines, als Museum eingerichtetes „Begijnhuisje". Hier kann man sich einen Eindruck davon verschaffen, wie bescheiden die Frauengemeinschaft einst lebte.

Der Beginenhof, ein architektonisches Ensemble kleiner weißer, um einen großen Innenhof gescharter Häuschen, datiert aus dem Jahr 1245. Allerdings stammen die meis-

Beginen

*Beginen führen wie Nonnen ein **eigenständiges Leben in sozialer (Haus-) Gemeinschaft**, die allen Mitgliedern die gleichen Rechte und Pflichten auferlegt. Früher boten sie so vor allem Mädchen Unterschlupf, die sich der Verbindung mit einem ungeliebten Mann entziehen wollten oder keine Mitgift hatten, also zu arm waren, um heiraten zu können. Aber auch Witwen suchten mit Vorliebe den Schutz der Frauengemeinschaften, die in der Regel von einer demokratisch gewählten „Grootjuffrouw" (Großfräulein) geleitet wurden, einer Art Äbtissin.*

*Die ersten Gemeinschaften entstanden Ende des 12. Jh. als Lebensgemeinschaften in der Nähe von Klöstern. Anfangs wurden kleine Häuser oder Wohnungen gemietet, erst später entstanden wie in Brügge oder Gent die von Mauern umgebenen Beginenhöfe. Die Frauen sorgten dabei selbst für ihren Unterhalt und es machte keinen Unterschied, ob sie reich oder bettelarm waren. Alle aber prägte eine große Spiritualität, ein **Leben in Einfachheit und Demut**.*

*Der Ausdruck „Begine", so erzählt man in Brügge gern, sei ein Spottname und wurde anfangs zur Charakterisierung der angeblich scheinfrommen Frauen benutzt. Da Beginen im Gegensatz zu Ordensschwestern **kein ewiges Gelübde** ablegten, wurden die Frauen von den Männern verdächtigt, gar nicht so fromm zu sein, wie sie vorgaben. Viele Beginen wurden daher als Ketzerinnen verurteilt, die ganze Bewegung auf Druck deutscher Bischöfe von Papst Clemens V. verboten. 1318 widerrief sein Nachfolger das Verbot, zumindest in Flandern durften die Beginenhöfe weiter bestehen. König Philipp von Frankreich machte die Anlage in Brügge gar zum „fürstlichen Beginenhof".*

Mit der französischen Revolution aber kam für die meisten Beginenhöfe das Ende, nur ein paar überlebten. So gab es anno 1900 noch insgesamt 1500 Beginen in Flandern, heute keine mehr. Ihre einstigen Wirkungsstätten sind längst Zeugnis der Vergangenheit, stehen seit 1998 wie jene in Brügge und Gent unter dem Schutz des UNESCO-Weltkulturerbes.

㉔ Kathedrale St. Salvator ★ [II D8]

Neoromanisch zeigt sich heute Brügges Bischofskirche St. Salvator, die älteste Pfarrkirche der Stadt. Zu ihren Schätzen zählen **zahlreiche Gemälde und Gobelins** mit Szenen aus dem Leben Christi, eine Barockorgel aus dem frühen 18. Jh., bischöfliche Grabmäler und ein geschnitztes Chorgestühl aus der Mitte des 15. Jh. Die Rückwand des Gestühls zeigt die Wappen der Ritter vom Goldenen Vlies, die sich hier gelegentlich versammelten. Der 1430 gegründete Ritterorden, ursprünglich auf 30 Mitglieder begrenzt, war der Muttergottes gewidmet und hatte den Apostel Andreas zum Schutzpatron.

Die Schatzkammer der Kirche überrascht mit einmaligen Goldschmiedearbeiten, Gemälden, Handschriften und Textilien. Allerdings muss die Pfarrei einen Kunstraub von 2009 verkraften, bei dem zahlreiche mittelalterliche Kunstgegenstände abhanden kamen.

› **St. Salvatorskatedraal,** Steenstraat, Mo.–Fr. 10–13 und 14–17.30, Sa. 10–13 u. 14–15.30, So. 11.30–12 u. 14–17 Uhr

ten der heute noch vorhandenen Bauten aus dem 17. und 18. Jh., z. B. die kleine Barockkirche, die heute anstelle der abgebrannten Originalkirche den Platz schmückt.

Niemand kann sich heute der **Melancholie dieses Ortes** entziehen, der auch im Sommer eine **willkommene Oase der Ruhe** ist. Seine ganze Melancholie aber entfaltet er im Herbst und Winter. Eine Stimmung, die Schriftsteller wie Rainer Maria Rilke oder Charles Baudelaire immer wieder faszinierte. Marcel Proust empfahl den Beginenhof gar als „einzigen Ort auf der ganzen Welt, wo die Atmosphäre vollkommen der notwendigen Trauerstimmung entspricht."

› **Beginenhof,** Begijnhof 1, tgl. 6.30–18.30 Uhr, Eintritt frei
› **Museum Beginshuisje,** Mo.–Sa. 10–17 und So. 14.30–17 Uhr, 2 €

◩ *Eingangsportal zum Fürstlichen Beginenhof* ㉓

EXTRATIPP

Speisen mit Stil bei Patrick Devos (s. S. 84)

Gutes Essen in schicker Umgebung muss kein Vermögen kosten, dafür liefern Patrick und Christine Devos den Beweis. Mitten im hektischen Brügge haben sie in einem mittelalterlichen Palast eine Oase der Ruhe im Art-nouveau-Stil eingerichtet: zwei Salons und einen Wintergarten, der im Sommer um eine schöne Terrasse erweitert werden kann. Ausgesuchte Weine aus aller Welt korrespondieren mit den Menüs des Meisters. Auch für Vegetarier gibt es eigens ein Menü.

Brügge entdecken 77

㉕ Jan van Eyckplein ★★ [II D6]

Etwas abseits der touristischen Hauptrouten liegt der Jan van Eyckplein, einer der liebenswertesten Plätze der Stadt.

Er grenzt an den Spiegelrei, den **innerstädtischen Hafenbereich**, weshalb diese Ecke viele Brügge-Besucher nur vom Boot aus kennenlernen. Dabei lohnt sich auch ein kleiner Spaziergang vom Markt ⓱ hierher, mitten durch das mittelalterliche Handelszentrum der Stadt und vorbei an der Grauwwerkersstraat [II D6], an deren Ostende das **Huis ter Beurze** steht. Dieser Prachtbau aus dem 15. Jh. diente der Kaufmannsfamilie van der Beurze – Namenspatin für alle späteren Börsen – als Herberge.

Am Jan van Eyckplein mussten einst die Waren durch den Zoll. Ringsum errichteten Kaufleute und Zünfte ihre **stattlichen Häuser**, die noch heute als Büro oder Wohnung genutzt werden. Mitten auf dem Platz steht das Denkmal des berühmten flämischen Malers Jan van Eyck, der in Brügge starb und dessen bekanntestes Werk, der Genter Altar, in der Sankt-Bavo-Kathedrale ㉗ in Gent zu bewundern ist.

Richtung Nordosten schließt sich der **Woensdagmarkt** an, ein kleines, meist stilles Plätzchen mit einer Statue des Malers Hans Memling, der in der nahen Ägidiuskirche (Sint-Gilliskerk) [II D5/6] begraben liegt.

㉖ Rund um die Jerusalemkapelle ★ [II F6]

In der östlichen Innenstadt liegen mit der Jerusalem- und Sankt-Anna-Kirche zwei spätgotische Juwele. Die **Jerusalemkirche (Jeruzalemkerk)**, die ein italienischer Kaufmann der Stadt „zu Ehren der geheiligten Passion unseres Herrn Jesus Christus und seines heiligen Grabes" stiftete, soll an die Grabeskirche in Jerusalem erinnern. Am deutlichsten wird das in der Krypta, in der eine Nachbildung des Christusgrabes steht. Die Kirche aus dem 15. Jh. befindet sich wie damals noch immer in Privatbesitz (Adornesdomäne), der Besuch kostet Eintritt.

Ganz in der Nähe findet sich das **städtische Volkskundemuseum** (s. S. 86), acht einstöckige Häuschen, die im 17. Jh. von einer Almosenstiftung für Arme erbaut und später erweitert wurden. Heute gibt das Museum Einblick in alte Handwerkstechniken, aber auch in das ehemalige Alltagsleben. Für eine Pause immer gut ist das **Museumslokal De Zwarte Kat**, das mit selbstgebrautem Bier und anderen kulinarischen Leckereien aufwartet.

Vom Museum aus sind es nur wenige Schritte zur **Sankt-Anna-Kirche**, einem barocken Juwel mit sehenswertem Hochaltar, Beichtstühlen, Kanzel und Chorgestühl.

> **Jerusalemkapelle (Adornesdomäne)**, Peperstraat 1, Mo.–Sa. 10–17 Uhr, Eintritt 7 €

ii78 [II F6] **Sankt-Anna-Kirche**, Sint-Annaplein, April–Sept. tgl. 10–13 und 14–18 Uhr

---

EXTRAINFO

Museum für Schoko-Fans

„Choco-Story" nennt sich eine interessante Privatsammlung im Stadtzentrum, die die Geschichte des Kakaos und der Schokolade dokumentiert. Wer will, kann den Chocolatiers dort auch bei der Pralinenfertigung zusehen. Anschließend darf probiert werden! Im gleichen Gebäude findet sich auch ein Lampenmuseum, mehr als 6000 Gegenstände erzählen die Geschichte der Zimmerbeleuchtung.
> **Choco-Story** (s. S. 86)

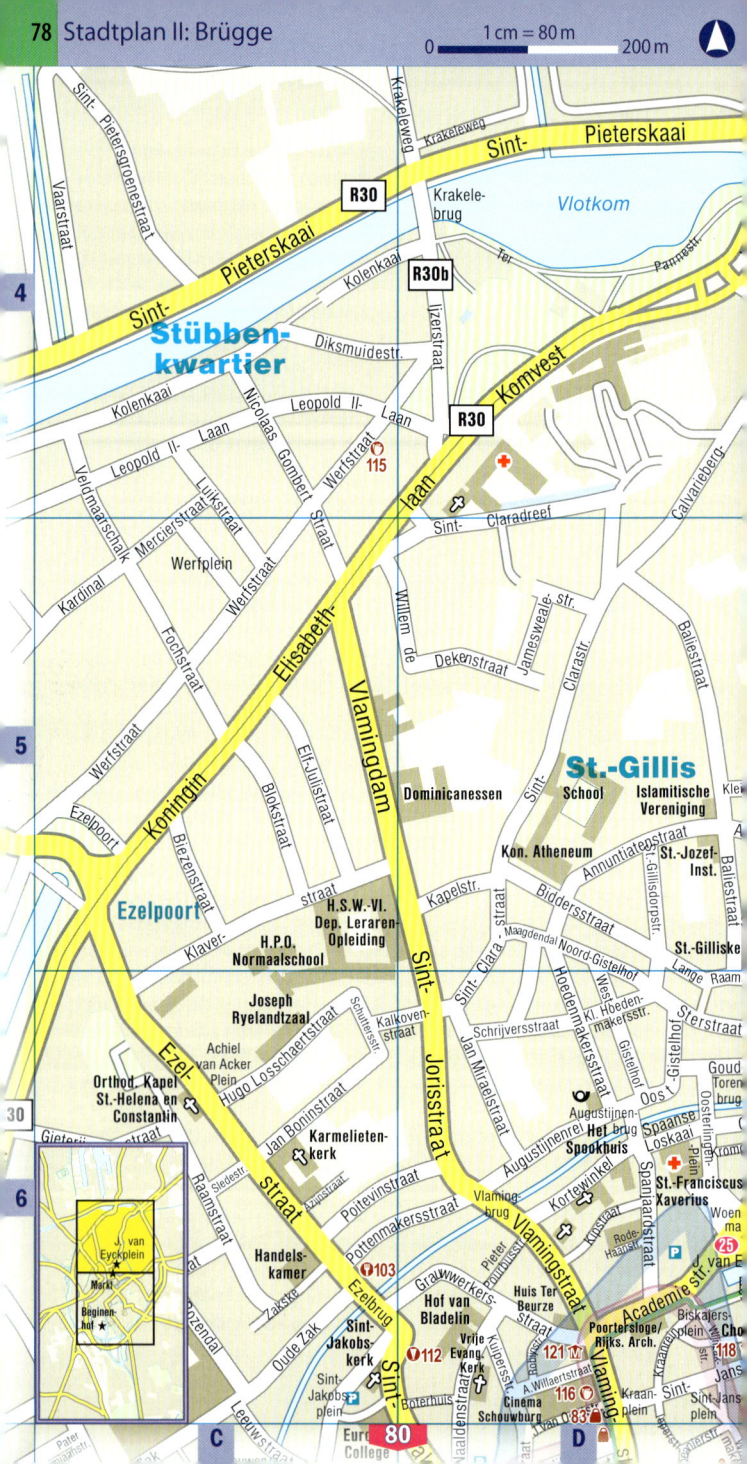

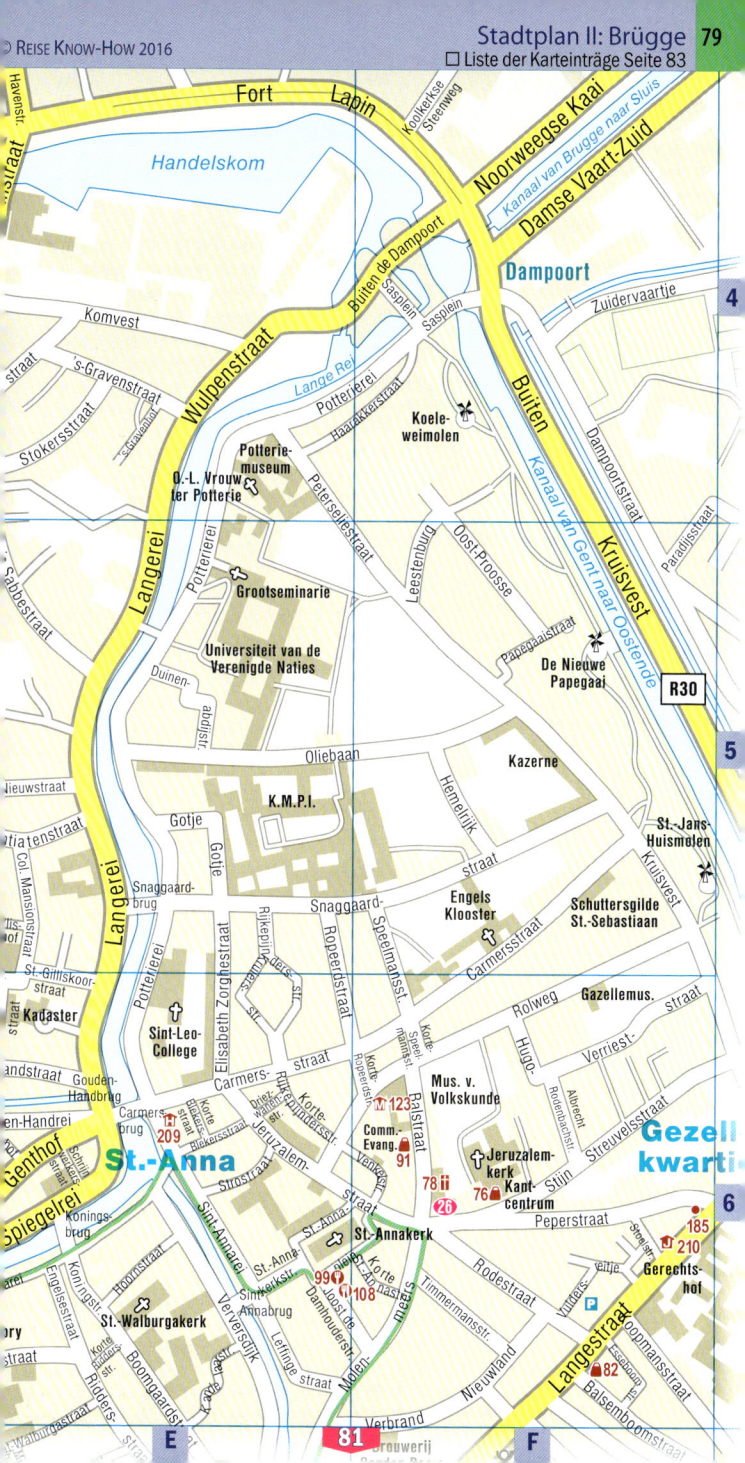

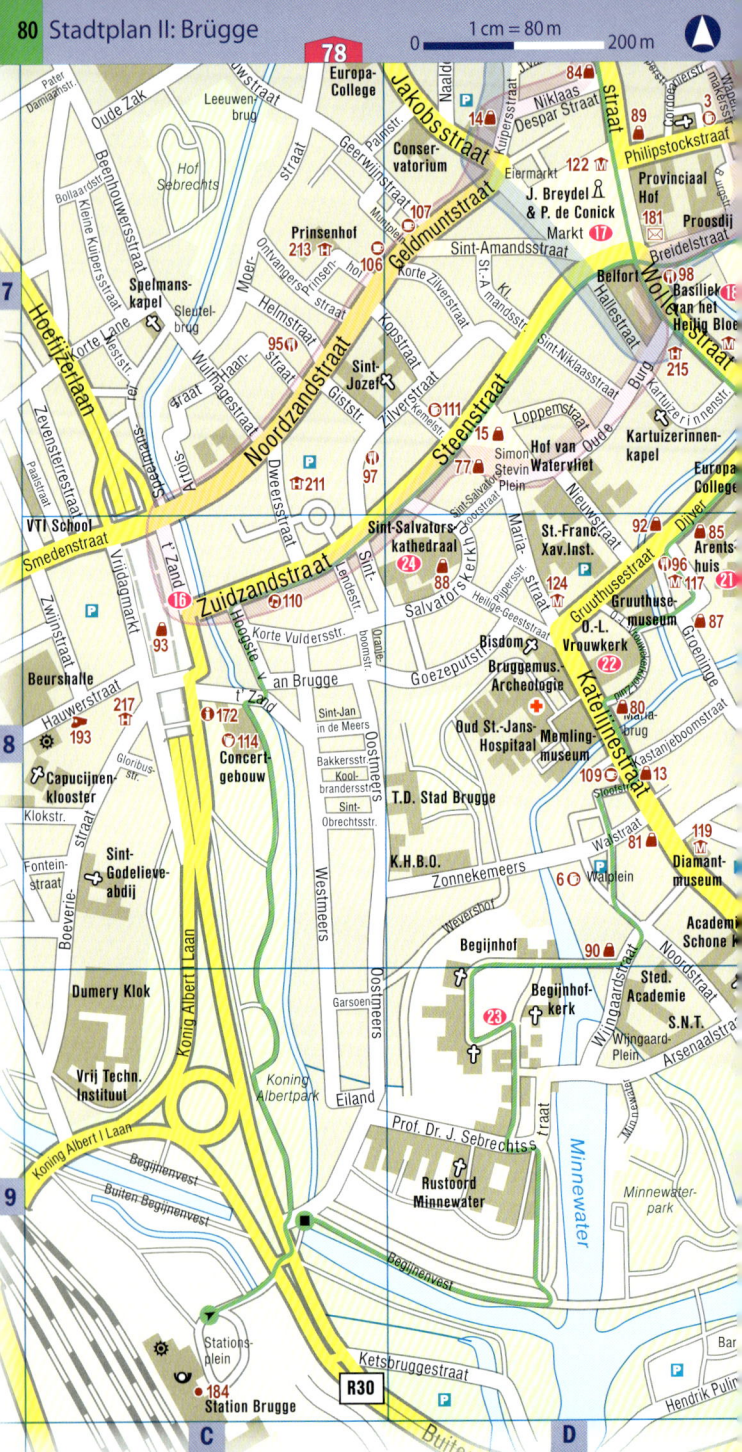

Nützliche Adressen

Einkaufen

Brügges Innenstadt kennt keine riesigen Einkaufszentren wie Antwerpen oder Gent. Dafür finden sich vor allem entlang der touristischen Achsen wie Steenstraat [II D7] oder Noordzandstraat [II C7] viele kleine Läden, deren Angebot aber meist ganz auf Touristen abgestellt ist.

Die größten Supermärkte finden sich alle außerhalb des Stadtzentrums. Frische Lebensmittel wie Obst und Gemüse gibt es mittwochs (8–13.30 Uhr) auf dem Marktplatz, samstags (8–13.30 Uhr) auf dem Platz 't Zand ⓰ und der Beursplein.

Ausgefallene Einkaufsideen
- 79 [II E7] **2be (The Beerwall),** Wollestraat 53, Tel. 050 611222, www.2-be.biz, tgl. 9–19.30 Uhr. Großer Laden mit noch größerer Auswahl an belgischen Bieren, Schokolade und anderen flämischen Souvenirs.
- 80 [II D8] **Brown Sugar,** Mariastraat 21, www.marzipan-nougatshop.be, Tel. 04 68125350, tgl. 10–18 Uhr. Qualitätsnougat aus der Provence und selbstgemachtes Marzipan für alle Süßmäulchen.
- 81 [II D8] **De Striep,** Katelijnestraat 42, Tel. 050 337112, www.striepclub.be, Mo. 13.30–19, Di.–Sa. 10–19 Uhr, Comicladen mit Büchern, Postern, Heften.
- 82 [II F6] **Den Elder,** Langestraat 84, www.denelder.be, Tel. 050 341829, Mo.–Mi. u. Fr./Sa. 10–18.30 Uhr. Stadtbekannter Secondhandladen: Bücher, DVDs, Platten und Comics.
- 83 [II D6] **De Witte Pelikaan,** Vlamingstraat 23, www.dewittepelikaan.be, Tel. 050 348284, Feb.–Juni Mo.,Di., Fr. u. Sa. 10–17.30, Juli/Aug. Mo.–Sa. 10–18, Sept.–Dez. tgl. 10–18 Uhr. Geschenk- und Weihnachtsartikel, große Auswahl.

> **EXTRATIPP**
>
> **Empfehlenswerte Spitzengeschäfte**
> Ein Großteil der in Flandern angebotenen Spitzen-Ware kommt heute aus Fernost und wird maschinell hergestellt. Wer sicher gehen will, sollte deshalb eines der Fachgeschäfte aufsuchen. Allerdings sollte man wissen, dass belgische Handarbeit auch ihren Preis hat.
> - 89 [II D7] **Kantjuweeltje,** Philipstockstraat 11, Tel. 050 334225
> - 90 [II D8] **Lace Paradise,** Wijngaardstraat 18, Tel. 050 341433
> - 91 [II F6] **'t Apostelientje,** Balstraat 11, Tel. 050 337860, www.apostelientje.be

- 84 [II D7] **Eyewear Shop Hoet,** Vlamingstraat 19, Tel. 050 335002, www.hoet.eu, Mo.–Fr. 9–18.30, Sa. 9–18 Uhr. Brillenmode aus Titanium oder Büffelhorn für Trendsetter. Elton John und Bill Gates waren schon da ...
- 85 [II D8] **Museumshop Arentshof,** Dijver 16, Tel. 050 448736, Di.–So. 10–18 Uhr. Brügges populärster Museumsshop: Schmuck, Poster, Bücher, Krawatten, Papierwaren, Museumsspiele.
- 86 [II E7] **Rombaux,** Mallebergplaats 13, Tel. 050 332575, www.rombaux.be, Mo. 14–18.30, Di.–Fr. 10–18.30, Sa. 10–18 Uhr, Musiktempel mit Platten und CDs inmitten von fast 100-jährigem Inventar. Stöbern ist kostenlos!
- 87 [II D8] **The Bear Necessities,** Groeninge 23, Tel. 050 341027, www.thebearnecessities.be, Di.–So. 10–17 Uhr. Teddybären in allen Größen und Varianten.
- 88 [II D8] **Van de Wiele,** Sint-Salvatorkerkhof 7, www.marcvandewiele.com, Tel. 050 336317, Mo. und Do. 14–18,

Karteneinträge Stadtplan II: Brügge

- ⑯ [II C8] 't Zand S. 67
- ⑰ [II D7] Markt mit Belfried und Tuchhalle S. 68
- ⑱ [II D7] Heilig-Blut-Basilika S. 69
- ⑲ [II E7] Rathaus (Stadhuis) S. 72
- ⑳ [II E7] Rozenhoedkaai S. 72
- ㉑ [II D8] Groeninge Museum S. 73
- ㉒ [II D8] Liebfrauenkirche S. 74
- ㉓ [II D9] Minnewater und Beginenhof S. 75
- ㉔ [II D8] Kathedrale St. Salvator S. 76
- ㉕ [II D6] Jan van Eyckplein S. 77
- ㉖ [II F6] Rund um die Jerusalemkapelle S. 77

- ⓷ [II D7] Bierbrasserie Cambrinus S. 23
- ⓺ [II D8] Hausbrauerei De Halve Maan S. 24
- ⬤13 [II D8] Chocolaterie Sukerbuyc S. 25
- ⬤14 [II D7] Dumont Chocolaterie S. 25
- ⬤15 [II D7] The Chocolate Line S. 25
- ⬤76 [II F6] Kantcentrum S. 65
- ⬤77 [II D7] Jerry's Cigar Bar S. 69
- ℹ78 [II F6] Sankt-Anna-Kirche S. 77
- ⬤79 [II E7] 2be (The Beerwall) S. 82
- ⬤80 [II D8] Brown Sugar S. 82
- ⬤81 [II D8] De Striep S. 82
- ⬤82 [II F6] Den Elder S. 82
- ⬤83 [II D6] De Witte Pelikaan S. 82
- ⬤84 [II D7] Eyewear Shop Hoet S. 82
- ⬤85 [II D8] Museumshop Arentshof S. 82
- ⬤86 [II E7] Rombaux S. 82
- ⬤87 [II D8] The Bear Necessities S. 82
- ⬤88 [II D8] Van de Wiele S. 82
- ⬤89 [II D7] Kantjuweeltje S. 82
- ⬤90 [II D8] Lace Paradise S. 82
- ⬤91 [II F6] 't Apostelientje S. 82
- ⬤92 [II D8] Floh- und Antiquitätenmarkt am Dijver S. 84
- ⓷93 [II C8] Zandfeesten, 't S. 84
- 🍴94 [II E7] Bistro Bruut S. 84
- 🍴95 [II C7] De Vlaamsche Pot S. 84
- 🍴96 [II D8] Le Chef et moi S. 84
- 🍴97 [II C7] Restaurant Patrick Devos S. 84
- 🍴98 [II D7] The Olive Tree S. 84
- 🍴99 [II E6] Bistro St.Anna S. 84
- 🍴100 [II E7] Wine Dine Pergola Kaffee S. 84
- 🍴101 [II E8] Bistro Christophe S. 84
- 🍴102 [II E7] Restaurant 't Pandreitje S. 84
- ⓷103 [II C6] De Bretoen S. 85
- ⓷104 [II H6] De Lotus S. 85
- ⓷105 [II E8] Books & Brunch S. 85
- ⓷106 [II C7] Gelateria Da Vinci S. 85
- ⓷107 [II D7] Merveilleux S. 85
- ⓷108 [II E6] Sint Barbe S. 85
- ⓷109 [II D8] Teesalon De Proeverie S. 85
- ⓷110 [II C8] Joey's Café S. 85
- ⓷111 [II D7] 't Brugs Beertje S. 85
- ⓷112 [II D6] Volkscafé Sint-Jakobs S. 85
- ⓷113 [II E7] Wijnbar Est S. 85
- ⓷114 [II C8] Concertgebouw S. 85
- ⓷115 [II C4] De Werf S. 85
- ⓷116 [II D6] Stadsschouwburg S. 85
- 🏛117 [II D8] Arentshuis S. 86
- 🏛118 [II D6] Choco-Story S. 86
- 🏛119 [II D8] Diamantenmuseum (Diamantmuseum) S. 86
- 🏛120 [II D7] Foltermuseum Oude Steen S. 86
- 🏛121 [II D6] Frietmuseum S. 86
- 🏛122 [II D7] Historium Brügge S. 86
- 🏛123 [II F6] Museum voor Volkskunde (Volkskundemuseum Brügge) S. 86
- 🏛124 [II D8] Sint-Janshospitaal (Sankt Jansspital) S. 86
- ℹ172 [II C8] Toerisme Brugge, 't S. 119
- ✉181 [II D7] Hauptpost Brügge S. 123
- ●184 [II D7] Bahnhof Centraal S. 123
- ●185 [II F6] Bauhaus Bike Rental S. 123
- 🚓193 [II C8] Polizei Brügge S. 124
- 🆂196 [II G8] Bloso Centrum Julien Saelens S. 125
- 🆂197 [II B6] Giulini Hallenbad S. 125
- 🏨209 [II E6] Adornes S. 130
- 🏨210 [II F6] Bauhaus International Youth Hotel S. 130
- 🏨211 [II C7] Bla Bla Hotel S. 130
- 🏨212 [II E7] Die Swaene S. 130
- 🏨213 [II C7] Hotel Dukes' Palace S. 130
- 🏨214 [II C10] Hotel Ibis Budget S. 130
- 🏨215 [II D7] Martin's Brugge S. 130
- 🏨216 [II E7] Hotel Bourgoensch Hof S. 130
- 🏨217 [II C8] NH Brügge S. 131

Hier nicht aufgeführte Nummern liegen außerhalb der abgebildeten Karten. Ihre Lage kann aber wie die von allen Ortsmarken im Buch mithilfe der Web-App angezeigt werden (siehe hintere Umschlagklappe).

Fr./Sa. 10–12 und 14–18 Uhr. Gut sortiertes Antiquariat hinter der Salvatorkirche. Spezialist für illustrierte Bücher vom 15. bis zum 20. Jahrhundert.

Märkte in Brügge
- 92 [II D8] **Floh- und Antiquitätenmarkt am Dijver**, Sa./So. und feiertags 10–18 Uhr (15.3.–15.11.)
- 93 [II C8] **Zandfeesten**, 't Zand. Flanderns größter Flohmarkt findet dreimal jährlich auf dem Zand und im Koning Albertpark [II C9] statt.

Gastronomie

Restaurants
- 94 [II E7] **Bistro Bruut** €€€, Meestraat 9, Tel. 050 695509, www.bistrobruut.be, Mo.–Fr. 12–14.30 und 19–21.30 Uhr. Kleines, stylishes Innenstadtlokal mit flämischer Cross-over-Küche, mittags Lunch, abends 4–5-Gänge-Menüs.
- 95 [II C7] **De Vlaamsche Pot** €€–€€€, Helmstraat 3–5, Tel. 050 340086, www.devlaamschepot.be, Mi.–Fr. 17.30–22, Sa./So. 12–22 Uhr. Großes, etwas versteckt liegendes Lokal mit flämischen Spezialitäten wie gebackener Aal, Kaninchen oder Watzerzooi (Fischeintopf).
- 96 [II D8] **Le Chef et moi** €€–€€€, Dijver 13, Tel. 050 396011, www.lechefetmoi.be, Di.–Sa. 12–14 und 18.30–22 Uhr. Feine Fischgerichte und saisonale Küche, Mittagslunch ab 15 €.
- 97 [II C7] **Restaurant Patrick Devos** €€€, Zilverstraat 41, Tel. 050 335566, www.patrickdevos.be, Mo.–Fr. 12–13.30 u. 19–21 Uhr (nicht am Mi.), Sa. 19–21 Uhr. Im schicken Art-nouveau-Ambiente werden die Gäste mit ständig wechselnden Menüs aus frischen Zutaten verwöhnt.
- 98 [II D7] **The Olive Tree**, Wollestraat 3, Tel. 050 3250330081, www.theolivetree-brugge.com, Mi.–Mo. 18–22 und Fr.–So. auch 12–14 Uhr. Viel gelobter Grieche im Stadtzentrum. Seine Frischeküche sorgt allerdings oft für lange Wartezeiten.

EXTRATIPP

Essen mit Aussicht
- 100 [II E7] **Wine Dine Pergola Kaffee** €€€, Meestraat, Tel. 050 447650, www.restaurantpergola.be, Do.–Mo. 12–23 Uhr. Restaurant mit schönem Grachtenblick. Internationale Küche. Wochentags wird ein preisgünstiger Businesslunch angeboten, bei gutem Wetter lockt die große Freiluftterrasse.

Für den späten Hunger
- 101 [II E8] **Bistro Christophe** €€–€€€, Garenmarkt 34, Tel. 50 344892, www.christophe-brugge.be, Do.–Mo. 18–1 Uhr. Im Edelbistro mit offener Küche wird auch nach Mitternacht noch ein Chateaubriand serviert.

Dinner for One
- 102 [II E7] **Restaurant 't Pandreitje** €€€, Pandreitje 6, Tel. 050 331190, www.pandreitje.be, Mo.–Di. u. Fr.–Sa. 12–14 u. 18–22 Uhr. Sehr elegantes Restaurant, in dem Patron Guy Van Neste seine Frischeküche zelebriert. Feinste Weine begleiten jeden, der sich hier kulinarisch verwöhnen lässt. Reservierung angeraten!

Für den kleinen Hunger und Geldbeutel
- 99 [II E6] **Bistro St.Anna** €, Sint-Annaplein 29, Tel. 050 347800, www.sintanna.be, Di.–Do. 11–22, Fr./Sa. 11–1, So. 11–22 Uhr. Auftankstation für den kleinen Hunger gegenüber der Anna-

kirche, einem auch an hektischen Tagen eher ruhigen Plätzchen.

103 [II C6] **De Bretoen** €, Ezelstraat 4, Tel. 050 345425, Mi.–Mo. 11.30–19 Uhr. Bei Brügges Pfannkuchenbäcker sind rund 60 gefüllte und süße Pfannkuchen im Angebot, die frisch zubereitet werden.

Vegetarische Küche

104 [II H6] **De Lotus** €, Wapenmakerstraat 5, Tel. 050 331078, Mo.–Fr. 11.45–14 Uhr. Mit täglich wechselnden Stammessen *(Dagschotels)* punktet dieses kleine Restaurant seit fast 30 Jahren.

Cafés, Teehäuser und Eissalons

105 [II E8] **Books & Brunch**, Garenmarkt 30, Tel. 05 709079, www.booksandbrunch.be, Mo.–Fr. 9–15 Uhr. Warum nicht zum Brunchen in den Buchladen? Auch wer nur zum Kaffee kommt, kann im Secondhand-Bookstore in Ruhe schmökern ...

106 [II C7] **Gelateria Da Vinci**, Geldmuntstraat 34, Tel. 050 333650, www.davinci-brugge.be, tgl. 11–22 (So. ab 12) Uhr. Hervorragendes Eis, auch gluten- und laktosefreie Sorten.

107 [II D7] **Merveilleux**, Muntpoort 8, Tel. 050 610209, www.merveilleux.eu, Di.–Sa. 10–18 Uhr. Feines Teehaus mit Terrasse, das auch kleine Speisen serviert. Stilvoll, was seinen Preis hat.

108 [II E6] **Sint Barbe** €, Sint-Annaplein 29, Tel. 050 330999, Do.–Mo. 11.30–14.30 und 18–22 Uhr. Sympathisches, familiengeführtes Restaurant gegenüber der Annakirche, besonders schön sitzt man im ersten Stock. Preiswerter Mittagslunch.

109 [II D8] **Teesalon De Proeverie**, Katelijnestraat 6, Tel. 050 330887, www.deproeverie.be, Di.–So. 9.30–17.30 Uhr. Hausgemachte Kuchen, Scones, Schokolade, Milchshakes und im Sommer hervorragendes Eis!

Nachtleben

110 [II C8] **Joey's Café**, Zuidzansstraat 16a, Tel. 050 341264, Mo.–Sa. ab 11.30 Uhr bis spätabends. Jazz- und Blueskneipe mit Livemusik. Manchmal spielt der Chef selbst mit seiner Cajun-Band.

111 [II D7] **'t Brugs Beertje**, Kemelstraat 5, Tel. 050 339616, , www.brugsbeertje.be, Do.–Di. 16–1 Uhr (Wochenende bis 2 Uhr). Brügges populärstes Bierlokal mit über hundert Sorten im Ausschank, teils vom Fass.

112 [II D6] **Volkscafé Sint-Jakobs**, Sint-Jakobsstraat 60, Tel. 494466146, Fr.–Mi. 14–23 Uhr. Treffpunkt der einheimischen Biertrinker und Schlagerfreunde, sehr heimelig!

113 [II E7] **Wijnbar Est**, 34, Braambergstraat 7, Tel. 050 333839, www.wijnbarest.be, Fr.–Mo. 16–24 Uhr. Hier werden Käse und Wein bei jazziger Hintergrundmusik serviert, sonntagabends gewöhnlich mit Livemusik. Rund hundert verschiedene Weine locken zum Probieren.

Theater und Konzerte

114 [II C8] **Concertgebouw**, 't Zand 34, www.concertgebouw.be, Ticket-Tel. 070223302. Mit einem intimen Kammermusiksaal und einem großen Konzertsaal verfügt das moderne Gebäude gleich über zwei Bühnen, die regelmäßig bespielt werden. Auf dem Programm stehen Theater, Konzerte und Ballett.

115 [II C4] **De Werf**, Werfstraat 108, Tel. 050 330529, www.dewerf.be. Kleiner Theater- und Musiktempel, bekannte Adresse für Jazzkonzerte.

116 [II D6] **Stadsschouwburg**, Vlamingstraat 29, Ticket-Tel. 050 443060, www.ccbrugge.be. Gastspieltheater mit breitem Angebot.

Museen und Galerien

117 [II D8] **Arentshuis,** Dijver 16, Di.–So. 9.30–17 Uhr, 4 €. Das elegante Bürgerhaus aus dem 18. Jahrhundert beherbergt Werke des in Brügge geborenen britischen Malers Frank Brangwyn (1867–1956).

118 [II D6] **Choco-Story,** Wijnzakstraat 2, Tel. 050 612237, www.choco-story.be, tgl. 10–17 Uhr (Tickets bis 16.15 Uhr), 8 €, Kinder 5 €. Das Schokoladenmuseum führt durch die Geschichte der süßen Versuchung. Im selben Haus findet sich auch ein **Lampenmuseum** (Lumina domestica), das die Geschichte der Hausbeleuchtung erzählt.

119 [II D8] **Diamantenmuseum (Diamantmuseum),** Kotelijnestraat 43, Tel. 050 342056, www.diamondmuseum.be, tgl. 10.30–17.30 Uhr, 8 €. Privatmuseum, das in Geschichte und Verarbeitung der teuren Steine Einblick gibt. Täglich um 12.15 Uhr demonstrieren Diamantschleifer ihr Können (3 € zusätzlich). Nur für wirklich Interessierte!

120 [II D7] **Foltermuseum Oude Steen,** Wollestraat 29, Tel. 05 734134, tgl. 10.30–18.30 Uhr, 7 €. Schausammlung in einem alten Gefängnis mit rund 100 Exponaten. Nur für Erwachsene, die tatsächlich sehen wollen, wie man einst Menschen quälte.

121 [II D6] **Frietmuseum,** Vlamingstraat 33, www.frietmuseum.be, Tel. 050 340150, tgl. 10–17 Uhr, 7 €, Kinder 4 €. In einer mittelalterlichen Halle erzählen rund 400 Exponate Pommes-frites-Geschichte. Filme geben Einblick in die mehr als tausendjährige Kartoffelgeschichte und die richtige Frittenwerdung. Im Museumskeller serviert ein „Friturist" feinste Kartoffelstäbchen.

21 [II D8] **Groeninge Museum,** Brügge. Werke aus sechs Jahrhunderten flämischer Kunst, insbesondere die Meisterwerke der altniederländischen Malerei (van Eyck, Memling, van der Goes usw.), werden im Groeninge Museum präsentiert.

122 [II D7] **Historium Brügge,** Markt 1, www.historium.be, Tel. 050 270311, tgl. 10–18 Uhr, 13,50 €. Filme und Spezialeffekte erlauben dem Betrachter eine Reise in das Brügge des Jahres 1435. Nachgebaut wurde auch das Atelier des einst in der Stadt lebenden Malers Van Eyck. Eine teure Zeitreise allerdings!

123 [II F6] **Museum voor Volkskunde (Volkskundemuseum Brügge),** Balstraat 43, www.museabrugge.be, Tel. 050 448743 Di.–So. 9.30–17 Uhr, 4 €. Acht renovierte Häuschen aus dem 17. Jh. geben Einblick in das Leben von früher. Zu sehen sind neben einem alten Schulzimmer, eine Apotheke und eine Zuckerbäckerei. Das Museumsrestaurant lädt zur Einkehr.

124 [II D8] **Sint-Janshospitaal (Sankt Jansspital),** Mariastraat 38, Tel. 050 448686, Di.–So. 9.30–17 Uhr, Apotheke 9.30–11.45 u. 14–17 Uhr, 8 € (inkl. Audioguide). Ein mittelalterliches Hospital mit seinen Krankensälen bietet heute flämischer Kunst Platz. Sehenswert ist auch die komplett erhaltene Apotheke mit Kräutergarten im benachbarten Bruderkloster. Sechs Originalbilder des flämischen Malers Hans Memling aus dem 15. Jh., darunter der sogenannte Ursula-Schrein, seine wohl berühmteste Arbeit, befinden sich in der Korneliuskapelle. Die Bildlegende erzählt die Geschichte der heiligen Ursula, die vor den Toren Kölns mit ihrer und der Ermordung von elftausend Jungfrauen endet. Kunstkenner verblüfft dabei immer wieder, wie genau Memling das Panorama der rheinischen Domstadt wiedergegeben hat.

Gent entdecken

Am Zusammenfluss von Leie und Schelde, den beiden wichtigsten flämischen Flüssen, liegt die Stadt Gent. Daran erinnert bis heute auch ihr keltischer Name „Ganda", was so viel wie „Zusammenfluss" bedeutet. Rund eine viertel Million Einwohner aus 160 Nationen zählt Gent heute, hinzu kommen gut 70.000 Studenten. Keine andere belgische Stadt fühlt sich so jung an.

Das Genter Stadtpanorama mit seinen Kirchen und Türmen aus Gotik, Renaissance und Barock gilt als eines der schönsten Flanderns, seine Museen als die modernsten der Region. Außerdem reklamiert man die größte Fußgängerzone des Landes für sich und mit Burg Gravensteen eine der wichtigsten mittelalterlichen Burgen Europas. Und nicht zuletzt ist Gent die Stadt der Vegetarier: Nirgends im Land gibt es – bezogen auf die Einwohnerzahl – mehr vegetarische Restaurants. Mit seinen vielen IT-Firmen und einer biotechnischen Industrie von Weltrang gilt Gent zudem als zukunftsträchtigste Stadt Belgiens.

Geschichte

Ob schon die Römer auf Genter Boden siedelten, ist umstritten. Klar nur, dass Graf Balduin I., den sie wegen seiner Kampfeslust nur den „Eisenarm" nannten, hier um die erste Jahrtausendwende eine Burg errichten ließ. Eine bekam den Namen des heiligen Bavo, der heute der Schutzpatron des Genter Bistums ist.

Schon früh verfügte die Stadt über das sogenannte **Stapelrecht**, war also berechtigt, beim Warenumschlag Steuern zu erheben. Der große Reichtum kam jedoch mit der **Tuchproduktion**. Mit rund 65.000 Einwohnern gehörte Gent **im 14. Jh. neben Paris zu den größten Städten nörd-**

◸ Wie überall in Belgien schlüpft auch manch Bürger Gents an Festtagen in historische Kostüme

◁ Vorseite: Sommerfreuden an der Graslei ㉟

lich der Alpen, regiert von Patriziern, die mit den flandrischen Grafen und ihren französischen Verbündeten gemeinsame Sache machten – zum Unmut der Zünfte freilich, die nach mehr Unabhängigkeit strebten. Vor allem als die Einfuhr englischer Wolle gestoppt wurde, von der Gents Tuchindustrie abhängig war, verbündeten sich die Genter mit den Engländern gegen Frankreich. Doch langfristig war der Aufstand von keinem Erfolg gekrönt.

Anno 1500 kam **Kaiser Karl V.** in Gent zur Welt, der seine Heimatstadt gern zur Weltmetropole gemacht hätte. „Ich glaube nicht", schwärmte Erasmus von Rotterdam damals nach einem Besuch der Stadt, „dass in der ganzen Christenheit eine Stadt in Größe und Macht, politischer Organisation oder der Art ihrer Bewohner, dem Vergleich mit Gent standhält." Doch es kam anders. Weil Gent seinem Kaiser die Mittel zur Finanzierung seiner Kriege verweigerte, bestrafte dieser die Stadt. Privilegien wurden abgeschafft, die Abtei St. Bavo geschleift. Zwar blühten zur burgundischen Zeit Kunst und Kultur wieder auf, Albrecht Dürer fand Gent deshalb eine „große und wunderbare Stadt", auf Dauer aber war ihr **wirtschaftlicher Niedergang** besiegelt.

Erst im 18. Jh. sollte sich das Blatt wenden. Mithilfe englischer Spinnmaschinen wurde Gent zum „**Manchester des Kontinents**". Das Klappern der Webstühle, erzählen sich die Einheimischen noch heute augenzwinkernd, habe schließlich zum Dehnen der Laute beigetragen und so dem Genter Dialekt seinen Stempel aufgedrückt. Mit der Industrialisierung kam der Wohlstand zurück, mit den neuen Maschinen aber wuchs auch die Unzufriedenheit der Arbeiter, die sich ausgebeutet, schlecht bezahlt und sozial nicht abgesichert fühlten. Die Folge war das Entstehen einer Arbeiterbewegung, die Gründung von Gewerkschaften und Parteien. Der **rebellische Geist der Genter**, der sich schon im Mittelalter gezeigt hatte, fand so im Industriezeitalter seine Neuauflage.

Heute gilt Gent als **eine der belgischen Vorzeigestädte**. So wurden große Teile der Altstadt in den letzten Jahren saniert und neuer Raum für Fußgänger und Citybummler geschaffen. Mit dem modernen Stadtmuseum ❸❾ setzte man Maßstäbe in der Museumslandschaft, mit der neuen Stadthalle ein architektonisches Ausrufezeichen. Zu einem der größten belgischen Straßenfeste haben sich inzwischen die „Geentse Feesten" entwickelt, die jedes Jahr mehr Touristen anziehen.

Erlebenswertes im Zentrum

In Gent trifft Tradition auf Moderne. Zwei Stadtteile spiegeln diese Symbiose wider: die historische Altstadt zwischen Burg Gravensteen und Bavo-Kathedrale auf der einen und das Kunst- und Museumsviertel mit der Universität auf der anderen Seite. Beide verbindet die Veldestraat, Gents wichtigste Einkaufsachse. Einen Besuch sind beide Viertel wert und sie lassen sich auf einem ganztägigen Spaziergang erobern.

KURZ & KNAPP

Die Stadt in Zahlen
› **Gegründet:** 10. Jahrhundert
› **Einwohner:** 250.000
› **Fläche:** 156,18 km²
› **Höhe ü. M.:** 10 m
› **Stadtbezirke:** 14

Gent entdecken

> **Routenverlauf im Stadtplan**
> Der hier beschriebene Spaziergang ist mit einer farbigen Linie im Stadtplan eingezeichnet (s. S. 104).

Stadtspaziergang

Am besten startet man den Rundgang im **historischen Teil Gents**. Zum Beispiel am Korenmarkt ㊲, einem der wichtigsten Verkehrsknoten der Stadt. Dem Hlg. Nikolaus ist die mächtige Kirche am Platz gewidmet.

Über die Brücke Richtung Westen liegt das nächste religiöse Bollwerk, die Kirche St. Michael ㊱. Von der Brücke bietet sich die schönste Sicht auf **Gents Skyline**, was sich Fotofreunde merken sollten. Auch ein paar Schritte weiter verwöhnt Gent mit Bilderbuch-Ansichten: Korenlei und die gegenüberliegende Graslei ㉟ gehören zu **Europas schönsten Uferpromenaden**. Hier pulsiert das Leben, vor allem im Sommer, wenn sich die Menschen in den **Cafés und Restaurants** mit Freiluft-Terrassen drängen. Frischer Wind hat nach gründlicher Sanierung auch in der Gegend gegenüber der Burg Gravensteen ㉞ Einzug gehalten, wo sich jetzt kleine und große Geschäfte, Cafés und die Tourismusinformation (s. S. 119) finden. Die Burg selbst ist **Pflicht für alle Mittelalter-Fans!**

Entlang der Kraanlei ㉝ geht es ins **Szeneviertel Patershol** mit engen Gassen, Boutiquen und Restaurants, die vor allem abends Ziel der Citybummler sind. Die Zuivelbrugstraat führt zur „Dulle Griet", einer tonnenschweren Kanone aus dem Mittelalter, die heute gern als Fotokulisse dient. Von hier ist es nur noch einen Katzensprung zum Vrijdagmarkt ㉜, **Gents großem Marktplatz**.

Über die Kammer- und Belfortstraat gelangt man zur Sint-Baafsplein [III E5], den Belfried ㉙ und die Kathedrale St. Bavo mit dem weltbekannten Genter Altar ㉗ säumen. Hinter dem Turm ist die neue Stadthalle ㉘ der Blickfang.

Wer Lust auf das **studentische Gent** hat, vor allem aber auf einen **Einkaufsbummel**, zieht durch die Mageleinstraat weiter Richtung Süden. Hier finden sich die wichtigsten Shopping-Straßen.

Schließlich wird **Kultur ganz groß geschrieben**: Das Stadtmuseum ㊴ ist unbedingt einen Besuch wert. Nur etwas weiter, nach einem Streifzug durch den Citadelpark, findet man zwei weitere Kulturperlen: das Museum für Schöne Künste ㊶ und das Museum für zeitgenössische Kunst ㊷.

Vorbei an der Peterskirche ㊵ und durch die Veldestraat gelangt man schließlich **zurück in die Altstadt**. Fußfaulen nimmt es niemand übel, dafür die Straßenbahn zu nutzen.

> **EXTRATIPP**
>
> **Gent mit dem Boot**
> Statt zu Fuß lässt sich das alte Gent auch vom Wasser aus entdecken. Unterschiedlich lange Bootsfahrten stehen täglich zwischen 10 und 18 Uhr (im Winter 11–17 Uhr) auf dem Programm. Verschiedene Anbieter starten an Kraanlei, Korenlei und Graslei (ab 7 €).
>
> Gemütlicher geht es bei Viadagio zu. Hier wird man wie in Venedig von einem Bootsmann per Muskelkraft durch die Grachten kutschiert. Und ähnlich hoch wie in Venedig sind dann auch die Preise für die gut zweistündige Tour: 135 € für 6 Personen.
> ❯ www.debootjesvangent.be
> ❯ www.viadagio.be
> ❯ www.gent-watertoerist.be

㉗ St. Bavo (St. Baafskathedraal) ★★★ [III F5]

St. Bavo ist neben Burg Gravensteen die wichtigste touristische Anlaufstation Gents. Das verdankt die Kathedrale vor allem dem weltberühmten Genter Altar, um den sich viele spannende Geschichten ranken (s. S. 92) und der als eines der Meisterwerke flämischer Malerei gilt.

Von der romanischen Ursprungskirche – der heutige Chor stammt aus dem 14. und 15. Jh., der spätgotische Turm und das Hauptschiff aus den beiden folgenden Jahrhunderten – ist heute noch die **sehenswerte Krypta** aus dem 12. Jh. erhalten. Beeindruckend sind ihre Schlichtheit und die wenigen Fresken an den weißen Wänden. Unter anderem findet sich hier auch ein Jakobspilger auf dem Weg nach Santiago de Compostela, was beweist, dass Gent einst auch Pilgerstation war.

Während die Kathedrale von außen groß und mächtig wirkt, zeigt sie ihre wahre Größe aber erst im Inneren, wo sie mit ihrer Mischung aus grauem Scheldestein, rotem Backstein und weißem Kalkstein immer wieder für Erstaunen sorgt. Noch gewichtiger ist ihre Ausstattung mit der **Rokokokanzel** aus Eiche und Carrara-Marmor, die als eine der schönsten Belgiens gilt, und dem **barocken Hochaltar** aus weiß-schwarzem und geflämmtem Marmor samt flankierender Bischofsgräber.

Kunstfreunde dürfte auch das **riesige Rubensbild** interessieren, das den heiligen Bavo bei seinem Eintritt ins Kloster zeigt. Aushängeschild der Kathedrale ist der **Genter Altar** (s. S. 92), den ein heimischer Patrizier bei den Brüdern van Eyck in Auftrag gegeben hatte. Er wird bis 2017 restauriert, sodass er nur zum Teil im

Original zu sehen ist, die fehlenden Teile werden nur als Schwarz-Weiß-Fotos ergänzt. Übrigens: In der Kirche gilt absolutes **Fotografierverbot!**

Vor der Kirche findet sich der neu gestaltete, von Cafés und Restaurants gesäumte **Sint-Baafsplein**, einer der zentralen Treffpunkte der Stadt.

› **Sint Baafskathedraal**, www.sintbaafs kathedraal.be, Tel. 09 2692045, April–Okt. Mo.–Sa. 8.30–18, So. 13–18 Uhr, Nov.–März Mo.–Sa. 8.30–17, So. 13–17 Uhr

› **Genter Altar:** April–Okt. Mo.–Sa. 9.30–17, So. 13–17 Uhr, Nov.–März Mo.–Sa. 10.30–16, So. 13–17 Uhr, 4 € mit Audioguide (auch in deutscher Sprache). Die Tickets werden bis 15 Minuten vor Schließung verkauft!

St.-Bavo-Kathedrale, Haupteingang

Van Eycks Genter Altar – ein Meisterwerk mit bewegter Geschichte

„Das ist ein über köstlich hochverständig Gemähl", schwärmte der Maler Albrecht Dürer in seinem Tagebuch, nachdem er den großen Flügelaltar in der Bavo-Kathedrale bei einem Besuch Gents im April 1521 gesehen hatte. Auch Goethe und Lessing waren angesichts des Kunstwerks hin und weg. Und selbst heute noch geraten viele ins Staunen, die **das hinter dickem Panzerglas und im klimatisierten Umfeld hängende Bilderensemble** betrachten. Dutzende von Dissertationen haben sich mit seiner Entstehung beschäftigt, seiner Geschichte und seiner Technik. Kaum ein Bild hat die Wissenschaft mehr bewegt als der „Genter Altar".

Genau betrachtet besteht der Altar aus **zwei Teilen:** einer geschlossenen **Rückseite,** die man einst werktags zu sehen bekam, und einer aufgeklappten Version, die nur an Ostern, Weihnachten und Allerheiligen sichtbar war. Diese **Festtagsseite** zeigt Christus, den Weltenherrscher, daneben Maria und den Apostel Johannes. Ein Stück weiter finden sich zu beiden Seiten musizierende Engel in kostbaren Brokatkleidern und ganz außen die beiden ersten Menschen, Adam und Eva, nackt wie Gott sie schuf. Diese beiden Nackedeis waren einst die eigentliche Sensation, weshalb der Altar bei seiner Einweihung im Mai 1432 auch einfach nur „Adam und Eva" genannt wurde.

Gewichtiger ist die untere Bildleiste, die sich **thematisch auf die Offenbarung des Johannes bezieht,** das letzte Buch des Neuen Testaments. „Danach sah ich …eine große Schar, die niemand zählen konnte, aus allen Nationen und Stämmen und Völkern und Sprachen, die standen vor dem Thron und vor dem Lamm, angetan mit weißen Kleidern und mit Palmzweigen in ihren Händen, und riefen mit großer Stimme: Das Heil ist bei dem, der auf dem Thron sitzt, unserm Gott, und dem Lamm!"

Jan van Eyck hat diese Bibelstelle in bunten Farben visualisiert. In paradiesischer Umgebung zeigt er die **Verehrung des Lammes,** des wichtigsten Christussymbols, weshalb das Altarbild heute auch unter dem Namen „Die Anbetung des Lammes" bekannt ist. Zwischen flämischen Kirchturmlandschaften wachsen Orangen- und Granatapfelbäumchen, Maiglöckchen, Pfingstrosen und Gänseblümchen. Ein Garten Eden, in dem es immer wieder Neues und Interessantes zu entdecken gibt. Im Mittelpunkt aber steht das Lamm, aus dessen Seite Blut in einen Abendmahlskelch strömt.

Davor steht ein achteckiger Springbrunnen, aus dem Wasser in eine edelsteingeschmückte Rinne fließt. Es ist der **Lebensbrunnen,** der vor dem Altar mit dem Gotteslamm allen Christenmenschen den Weg weisen soll. Päpste, Bischöfe, Kardinäle, Patriarchen, heilige Jungfrauen, Selige, Priester, Märtyrer, Einsiedler und Pilger - links und rechts um den Brunnen gruppiert - haben diesen Weg schon eingeschlagen und dienen als religiöse Vorbilder.

Die jüngste, allerdings sehr umstrittene Theorie will in dem Gemälde gar eine versteckte Botschaft an die Ritter des Goldenen Vlies sehen, die mit dem Altarbild zu neuen Kreuzzügen motiviert werden sollten.

Künstlerisch gehört das Bild zu den wichtigsten der Kunstgeschichte. Erstmals kreierte van Eyck nämlich **Menschen aus Fleisch und Blut,** *keine sphärische Gestalten wie die meisten Maler vor ihm. Damit erwies er sich als Lehrmeister der Moderne, als Vorbild für Maler wie Holbein, Brueghel, Memling oder Bosch - und auch Italiens große Künstler wie Raffael, Botticelli oder da Vinci sollen von ihm profitiert haben.*

Abenteuerlich ist die Geschichte des Bildes, *das schon im 16. Jh. erstmals renoviert wurde. Immer wieder weckte es Begehrlichkeiten. Schon Philipp der Schöne hätte das Altarbild gerne an sich genommen, musste aber schließlich mit einer Kopie vorlieb nehmen. 1566 gelang es nur knapp, das Kunstwerk vor den Bilderstürmern zu retten, 1578 geriet es schließlich doch in Besitz der Calvinisten, die es im Rathaus zur Schau stellten. 1781, so heißt es, ließ der österreichische Kaiser Joseph II. Adam und Eva durch „bekleidete" Kopien ersetzen, weil er an der Nacktheit der beiden ersten Menschen Anstoß genommen hatte.*

Nach der Einnahme Flanderns durch französische Truppen gerieten die Mittelteile des Altars nach Paris, wo sie im Musée Napoléon, dem heutigen Louvre, vorübergehend eine neue Heimat fanden. Die restlichen Teile gingen in den Kunsthandel, bis sie schließlich für 400.000 Gulden vom preußischen König gekauft und in Berlin ausgestellt wurden. Um die Vorder- und Rückseite besser zeigen zu können, zersägte man den Altar in einzelne Teile. Mit dem Vertrag von Versailles allerdings kamen die Fragmente trotz heftigen deutschen Widerstandes zurück nach Belgien, wo man die Berliner Teile des Altars mit den einst im Louvre gezeigten Stücken wieder kunstvoll zusammenfügte. Anschließend brachte man den Altar zurück in die Genter Bavo-Kathedrale.

1934 wurden dort die **Tafeln mit Johannes dem Täufer und den „Gerechten Richtern" gestohlen.** *Während das Johannes-Bild zurückgegeben wurde, sind die „Gerechten Richter", die man wenig später durch eine Kopie ersetzte, bis heute verschollen geblieben. Die Geschichte des Diebstahls wird auch im Museum STAM* ㊴ *eindrucksvoll dokumentiert.*

Im Zweiten Weltkrieg lagerte man den Genter Altar nach Südfrankreich ins Schloss Pau aus, wo ihn die Nazis entdeckten und schließlich im österreichischen Salzbergwerk Altaussee lagerten. Nach dem Krieg wurde das Bildensemble in Brüssel gründlich restauriert, ehe es 1986 in die Genter Kathedrale zurückgebracht wurde.

Inzwischen wird das Kunstwerk wieder **gründlich restauriert.** *Daher werden bis 2019 immer nur Teile des Altars an seinem angestammten Platz in der Kathedrale sein. Aber im Museum für Schöne Künste* ㊶ *kann man den Restauratoren bei der Arbeit am Rest zuschauen. Im Karmeliterkloster (Provinciaal Cultuurcentrum Caermersklooster, Vrouwebroersstraat 6) kann man eine* **Ausstellung zu den Maltechniken des Mittelalters** *besuchen. Dort wird auch eine Kopie des Genter Altars gezeigt, die nicht wie das Original hinter Panzerglas steckt und einen besseren Blick auf den Detailreichtum gewährt.*

28 Stadthalle ★★ [III E5]

Ein Kunstwerk aus Glas, Holz und Beton prägt Gents Mitte: die neue Stadthalle. Der moderne Bau steht im Kontrast zu seinem Umfeld, der alten Nikolauskirche 37 und dem Belfried 29 und wirkt für viele gerade deswegen sehr überzeugend. Andere hätten sich eine weniger moderne Lösung gewünscht. Wie auch immer: Unter dem großen Doppeldach auf Betonfüßen finden heute Märkte ebenso wie Konzerte oder andere Kulturveranstaltungen statt. Das Dach aus Glasschindeln wirkt je nach Lichteinfall immer wieder anders. Wiesen und Bänke laden ringsum zum Verweilen ein – und zur Diskussion, wie sich alte und neue Architektur miteinander vertragen.

29 Belfried ★★★ [III E5]

Mit fast 100 m Höhe ist der Belfried (Belfort) das eigentliche Wahrzeichen der Stadt Gent, auf alle Fälle das Symbol ihrer Unabhängigkeit. Seit 1999 gehört der mächtige Turm zum Weltkulturerbe der UNESCO. Hier wurden lange Jahre die wichtigsten Urkunden der Genter Geschichte aufbewahrt – jene Dokumente, die der Stadt einst ihre Privilegien verliehen.

Obwohl mit dem Bau des mächtigen Turmes schon um das Jahr 1300 begonnen wurde, dauerte es einige Zeit, bis er sein endgültiges Aussehen fand. Die erste Turmspitzenversion wurde 1380 aufgesetzt, die heute zu bestaunende datiert aus dem Jahr 1913. Nicht zu übersehen ist außerdem der **vergoldete Kupferdrache**, der seit 1380 die Spitze krönt.

Wer Zeit und Lust hat, dem sei ein **Aufstieg auf den Turm** empfohlen, von dem sich **einer der schönsten Blicke auf die Stadt** bietet. Ein Aufzug hilft beim Überwinden der Höhenmeter, allerdings sind die Wege oben sehr eng, sodass manchen Turmbesteiger die Höhenangst beschleicht.

Einiges zu sehen gibt es nachmittags während der Führung (15.30 Uhr) auch im Turm selbst. So kann man im fünften Stock die **Mechanik der berühmten Turmuhr** von 1670 bewundern, die als eine der ältesten Belgiens gilt.

Aufmerksamkeit hat auch das **Glockenspiel** verdient, das heute über 55 Glocken verfügt. Jeden ersten Freitag im Monat gibt es ein einstündiges Konzert (um 20 Uhr), bei dem auch schon mal Beatles-Melodien erklingen können. Eine CD mit den Glockenklängen gibt es an der Turmkasse.

> Sint-Baafsplein, Tel. 09 2333954, www.visit.gent.be, tgl. 10–18 Uhr, Eintritt: 8 € (bis 19 Jahre frei)

Alt neben neu: der mittelalterliche Belfried und die moderne Stadthalle

Gent entdecken

30 Tuchhalle (Lakenhalle) und Rathaus (Stadhuis) ★★ [III E5]

An den Belfried grenzt die gotische Tuchhalle, die den Textilhändlern einst **als Versammlungsstätte diente**. 1742 wurde ein Teil der Halle zum Stadtgefängnis umfunktioniert, als das es bis anno 1902 genutzt wurde.

Bemerkenswert ist der sogenannte „**Mammelokker**" über dem Eingang, ein Relief aus der römischen Sagenwelt. Es zeigt einen Greis, dem seine Tochter die Brust *(mamme)* zu trinken *(lokken)* gibt und ihm so das Leben rettet. Angeblich geht die Darstellung in Gent auf ein Gemälde von Peter Paul Rubens zurück, der 1630 „Die Rettung Simons" malte. Eine andere Geschichte erzählt von einem in Gent eingekerkerten Mann, der zum Hungertod verurteilt worden war. Nur seine Tochter durfte ihn besuchen, die ihm dann die Brust gereicht haben soll. Als er nach einem halben Jahr immer noch lebte, hätte man ihn schließlich freigelassen.

Nördlich der Tuchhalle liegt das **Rathaus, einer der prächtigsten Bauten Gents**, den völlig unterschiedliche Baustile prägen. So zeigt sich die Fassade an der Hoogpoort in gotischer Pracht mit reichem Figurenschmuck. Im Kontrast dazu präsentiert sich die Seite zum Botermarkt im schlichten Renaissancekleid. Im Inneren findet sich der sogenannte **Pazifikationssaal**, in dem 1576 die Provinzen der Niederen Lande ihren Religionsfrieden schlossen, und eine Hochzeitskapelle mit schönen Glasfenstern. Leider sind Besichtigungen nur im Rahmen offizieller Stadtführungen möglich (s. S. 126).

△ *Der „Mammelokker" über dem Eingang der Tuchhalle*

31 Werregarenstraat ★ [III E5]

Lange Jahre war das krumme Gässchen nur eines von vielen in der Stadt, ein bisschen verdreckt und oft dunkel. Inzwischen aber kommen auch Touristen hier vorbei und die Gasse liegt sogar auf der Route der einen oder anderen Stadtführung. Der Grund hierfür sind die **vielen Graffitis an den Wänden** der Gasse, die inzwischen als bunte Zeugen zeitgenössischer Kultur verstanden werden, als **Symbol des neuen, jungen Gent**.

32 Vrijdagmarkt (Freitagsmarkt) ★★ [III E4]

Der große Platz ist Gents zentraler Treffpunkt. Hier spielte sich jahrhundertelang ein Großteil des öffentlichen und politischen Lebens ab, hier wurde gefeiert und demonstriert, hier wurde vor allem aber auch gehandelt.

1199 wurde der Vrijdagsmarkt erstmals in einer Urkunde erwähnt und noch heute ist hier mehrmals in der Woche Markt.

Bis auf das „Türmchen" („'t Toreken", Vrijdagsmarkt 36), dem ehemaligen **gotischen Gildehaus der Gerber**, an dem auch die Marktglocke hängt, stammen fast alle Häuser aus dem 18. Jh. Architektonisch aus dem Rahmen fällt das im frühen 20. Jh. entstandene „Ons Huis" („Unser Haus"), der Sitz der sozialistischen Arbeitervereinigungen. Nicht zu übersehen ist auch das große Denkmal in der Mitte. Es zeigt den Volkshelden Jakob van Artevelde, der den Boykott der englischen Wolleinfuhren stoppen konnte.

Heute befindet sich unter dem Vrijdagmarkt eine der größten Garagen Gents, weshalb der Platz für die Erkundung der Altstadt einer der beliebtesten Ausgangspunkte ist. Vom Markt ist es nur ein Katzensprung zu den Grachten und zur Burg Gravensteen ❹. Auf dem Weg dorthin quert man den **Grootkanonplein** (Großkanonenplatz) [III E4] mit der 12,5 t schweren, im Volksmund „Dulle Griet" genannten Kanone. Das unhandliche Geschütz aus dem 15. Jh. konnte mit bis zu 300 Kilo schweren Steinkugeln geladen werden – als Kriegsgerät kam es jedoch nie zum Einsatz, heute dient es vor allem als Fotokulisse.

❸❸ Kraanlei und Patershol ★★ [III E4]

Eine der schönsten Straßen Gents ist die **Kraanlei**, an der sich **zahlreiche alte Bürgerhäuser** finden, zum Teil, wie die Hausnummern 3–11 unter Beweis stellen, mit schönen gotischen Fassaden.

Dahinter schließt sich mit dem **Patershol** das **neue Szeneviertel Gents** mit vielen kleinen Restaurants, Cafés und Boutiquen an. Bohemiens und die örtliche Schickeria haben das **mittelalterliche Quartier** neu entdeckt, das einst als Armenviertel keinen guten Ruf hatte. Heute aber ist es schick, hier zu wohnen und auszugehen, auch wenn viele Restaurants im Patershol nicht gerade billig sind.

Das mächtige Bollwerk der Burg Gravensteen

Wer einen Einblick in das Leben der Genter Bürger um die vorletzte Jahrhundertwende sucht, ist im **Volkskundemuseum „Huis van Alijn"** (s. S. 111) an der richtigen Adresse. Der Name erinnert an eine alte Patrizierfamilie, die hier einst ein Hospiz für ältere Frauen unterhielt. Heute werden die 18 kleinen, um einen hübschen Innenhof errichteten Häuschen als Museum genutzt. Möbel, Haushaltsgeräte und andere Alltagsgeräte dokumentieren, wie die Menschen in Gent einst lebten.

❸❹ Burg Gravensteen ★★★ [III D4]

Sie ist eine der wichtigsten Touristenattraktionen der Stadt, ein mächtiges Bollwerk mitten in Gent. Nur einmal in ihrer langen Geschichte wurde Burg Gravensteen eingenommen: im November 1949, nachdem der Bierpreis deutlich gestiegen war und Studenten die Burg besetzten, um dagegen zu protestieren. Genutzt hat es nichts, das Bier blieb teuer.

Ihre schönste Seite zeigt die Burg von einem der Boote aus, die an Gras- oder Korenlei ❸❺ starten. Der Haupteingang der Burg liegt aber gegenüber dem **Sint-Veerleplein**, dem vermutlich ältesten Versammlungsplatz der Stadt. Vom Mittelalter bis in die Zeit des Barock diente er als Markt, aber auch als Hinrichtungsstätte während der Inquisition. Nach aufwändiger Sanierung ist der Platz heute einer der Treffpunkte für Citybummler. Hier hat auch das Touristenbüro (s. S. 119) eine neue Heimat gefunden.

Als eigentlicher Bauherr der Burg Gravensteen gilt Flanderns Graf Philipp von Elsass, der die Anlage zu einer Festung ausbaute. Die Genter wollen in dem mächtigen Bau jene Burg sehen, die den wohl berühmtesten Ritterroman des Mittelalters inspirierte: „Perceval Le Gallois ou le Conte du Graal" von Chrétien de Troyes. Dieses Meisterwerk übersetzte Wolfram von Eschenbach ins Deutsche und regte schließlich auch Richard Wagner zu seinem „Parsival" an. Unstrittig ist, dass die Grals-Erzählung am Hofe Phillips von Flandern entstand und dass sich sein Autor vom Leben und Treiben auf Burg Gravensteen zu seinem höfischen Versroman inspirieren ließ. Die **mittelalterliche Welt der Turniere** wird noch heute an einigen Sommerwochenenden lebendig, wenn Ritter und Knappen sich mit Schwertern hauen und ihre Turnierrösser durch die Burg hetzen. Mittelalterspektakel nennt man das heute.

Bis ins 14. Jh. residierten die flandrischen Grafen in der Burg. Später war Gravensteen nur noch Verwaltungssitz und Gerichtshof, schließlich ein Ort ohne große Bedeutung. Zeitweise beherbergte die Burg gar eine kleine Baumwollspinnerei, ehe die Stadt

---

> **EXTRATIPP**
>
> **Flandrische Köstlichkeiten**
>
> Genter Spezialitäten gibt es im **Großen Fleischhaus zu Gent** mitten in der Altstadt. In der mittelalterlichen Halle, in der man auch eine Kleinigkeit essen und trinken kann, werden heute regionale Lebensmittel gehandelt: Schinken, Marmelade, Käse, Schokolade sowie Bier und andere Alkoholika. Vieles kann an Ort und Stelle gleich probiert werden – einfach mal reinschauen!
>
> 🏠125 [III E5] **Groot Vleeshuis**, Groentenmarkt 7, Tel. 09 2232324, www.grootvleeshuis.be, Di.–So. 10–18 Uhr

> **EXTRATIPP**

> **Fundgrube für Genever-Freunde**
> Sie suchen einen guten Genever, vielleicht als Souvenir? Dann schauen Sie bitte im Dreupelkot vorbei, wo Pol Rysenaer sich Ihrer annimmt. Belgiens beste Genever hat er im Ausschank, mehr als 200 verschiedene Marken, die probiert werden können.
> › 't Dreupelkot (s. S. 108)

den Komplex kaufte und zur Weltausstellung 1913 gründlich restaurierte. Seitdem besichtigen jährlich Zehntausende von Neugierigen, die hier ein bisschen Mittelalter schnuppern wollen, die Burg. **Alte Folterinstrumente** samt einer authentischen Guillotine und eine **umfangreiche Waffensammlung** helfen ihnen dabei.

Für alle, die das Mittelalter noch intensiver erleben wollen, gibt es – inzwischen auch in deutscher Sprache – einen **Movieguide**. Dabei wird mittels eines mobilen Handcomputers das Leben auf der Burg lebendig. Vier historische Figuren nehmen den Besucher an die Hand: Philipp von Elsass und seine Frau Mathilde von Portugal, ein jüdischer Wollhändler und Chrétien de Troyes, der schon erwähnte Autor des ersten Grals-Romans. Vier Menschen, die alle hier lebten und uns heute erzählen, was zwischen Weihnachten 1189 und September 1190 auf Gravensteen passierte – jenem Jahr, als der Graf zum Kreuzzug ins Heilige Land aufbrach und seine Frau die Regierungsgeschäfte übernahm.

› Burg Gravensteen, Sint-Veerleplein 11, Tel. 09 2259306, https://gravensteen.stad.gent, April–Okt. tgl. 10–18 Uhr, Kassenschluss 17.15 Uhr, Nov.–März tgl. 9–17 Uhr, Kassenschluss 16.15 Uhr, 10 € (mit Movieguide, bis 19 Jahre frei)

㉟ Korenlei und Graslei ★★★ [III D5]

Die beiden Uferpromenaden gehören zu den schönsten Belgiens. Vor allem im Sommer drängen sich hier die Menschen. Alt und Jung suchen dann nach ein bisschen Dolce Vita, lassen es sich auf den Terrassen der Cafés und Restaurants gut gehen oder sitzen einfach nur lässig am Ufer. Zwischen Michaelsbrücke und der Burg Gravensteen zeigt sich Gent ganz mediterran.

Früher lag an dieser Stelle der **Hafen von Gent**, denn die Stadt war über die Leie bis hierher auch mit großen Schiffen zu erreichen. Und auch die Namen der Uferstraßen verraten, dass hier einst Waren umgeschlagen wurden: Weizen an der Korenlei – deshalb öfter auch Koornlei genannt –, Gemüse, Kräuter und Gewürze entlang der Graslei.

Rechts und links zieren **alte Zunfthäuser** die Wasserstraße, prächtige Bauten, die zur Weltausstellung 1913 meist erstmals renoviert wurden. Dabei sollen es die Architekten mit der historischen Wahrheit nicht immer so genau genommen haben. Den Besucher heute stört das nicht, er empfindet die Häuserzeilen als ein Stück authentisches Mittelalter. Dahinter lebt die Moderne, wie man sich im Marriott-Hotel an der Korenlei oder im Belga Queen (s. S. 23) auf der gegenüberliegenden Uferseite selbst überzeugen kann.

Eines der **Prunkstücke auf der Korenlei** ist das „**Haus der Unfreien Schiffer**", dessen elegante barocke Fassade sofort ins Auge fällt. Zwei

> ▷ *Von der Michaelsbrücke bietet sich einer der schönsten Blicke auf die Stadtsilhouette – auch abends!*

Anker zieren seinen Giebel. Nebenan findet sich „**De Zwane**" mit prachtvollen Schwanendarstellungen. „**Spijker**" heißt das älteste Haus an der Graslei, ein romanisches Prachtstück aus dem frühen 13. Jh., in dem bis Mitte des 18. Jh. noch Getreide gelagert wurde und das heute ein Nobelrestaurant beherbergt. Auch das sogenannte Cooremetershuys nebenan (Graslei 13), das auf das 16. Jh. zurückgeht, diente einst als Kornlager.

36 Michaelskirche mit Michaelsbrücke ★ [III D5]

Wichtigster Übergang vom einen zum anderen Leie-Ufer ist die **Michaelsbrücke**. Von ihrer Mitte bietet sich, wie die Einheimischen jedem Fremden gern stolz zeigen, **einer der schönsten Blicke in Gent**: die Sicht auf die Türme der Nikolauskirche 37, von Belfried 29 und St. Bavo 27.

Die Michaelskirche ist **reich mit Gemälden ausgestattet**, unter anderem mit einem „Christus am Kreuz" von Anthonis van Dyck. Südlich der Kirche liegt das ehemalige Dominikanerkloster Pand, dessen Bücher einst die Calvinisten in die Leie warfen. Heute gehört das Kloster zur Universität, die hier zahlreiche Sammlungen untergebracht hat (Besichtigung auf Anfrage).

› Michaelskirche, Sint-Michielsplein, www.kerkeninvlaanderen.be, April–Sept. Mo.–Sa. 14–17 Uhr, Eintritt frei

37 Korenmarkt und Nikolauskirche ★ [III E5]

Am Korenmarkt (Kornmarkt), dem **alten Handelszentrum Gents** und heute wichtigsten Verkehrsknotenpunkt befindet sich die renovierte Nikolauskirche. Sie ist dem Patron der Seefahrer und Kaufleute gewidmet, welche die Kirche immer wieder mit großzügigen Schenkungen versahen. Architektonisch gilt sie als **eines der besten Beispiele der sogenannten Schelde-Gotik**. Darunter versteht man eine flämische Variante der Gotik, bei der man den Kirchturm gewöhnlich über der sogenannten Vierung anstatt wie sonst üblich auf der Westseite der Kirche anbrachte. Zum wichtigsten Baumaterial wurde der Backstein. Prunkstück des Gotteshauses ist nach dem französischen Orgelbauer Cavaillé Coll benannte Orgel, die oft für Konzerte genutzt wird.

Vom Korenmarkt zweigt übrigens das Sträßchen Klein Turkje ab, in dem Albrecht Dürer während seines Gentbesuches eine Zeit lang verkehrte. (In Gent sind auch seine berühmten Löwen-Zeichnungen entstanden, die heute in der Wiener Albertina zu betrachten sind.) In der auf der anderen Seite liegenden Sint-Niklaasstraat 2 findet sich das sehenswerte **Gildehaus der Steinmetze** aus dem 16. Jh., das in der Graslei noch einmal als Kopie zu finden ist. Oben auf dem Treppengiebel drehen sich sechs Moriskentänzer im Wind.

› Nikolauskirche (Sint-Niklaaskerk), Catalonienstraat, Di.–So. 10–17, Mo. 14–17 Uhr, Eintritt frei

⓴ Veldstraat und Kouter ★ [III E6]

Vom Korenmarkt führt die **Veldstraat zum Kouter**, dem Scharnier zwischen der historischen Altstadt und dem Universitäts- und Kulturviertel im Süden. Die Veldstraat, **Gents wichtigste Einkaufsachse**, ist aber nicht nur für Shopper, sondern auch für Kulturfreunde interessant.

Zum einen findet sich hier das **Hotel d'Hane-Steenhuyse** (Veldstraat 55) mit prachtvoller Rokokofront, zum anderen das **Haus Nr. 82 (Museum Arnold Vander Haeghen)**, in dem Manuskripte und persönliche Erinnerungsgegenstände wie die Bibliothek des Schriftstellers Maurice Maeterlinck gezeigt werden, der in Gent zu Hause war und als Literatur-Nobelpreisträger Weltruhm erlangte.

Wer Gent und seine Bürger näher kennenlernen will, muss sonntagmorgens über die Kouter flanieren, den **Blumenmarkt**, der bis heute als einer der wichtigsten Treffpunkte der Einheimischen gilt.

Früher fanden hier Truppenparaden und Turniere statt, Pferdemärkte oder Schießwettbewerbe, heute werden auf dem Platz **Pflanzen und Schnittblumen** jeder Güte umgeschlagen.

Schon im 19. Jh. war die Kouter traditionell Ziel der Genter Sonntagsspaziergänger. Endpunkt ihres Morgenganges ist auch heute noch der kleine, blaue Kiosk auf dem Platz, an dessen Stehtischen man sich zum **Brunch** einfindet, zu dem in Gent frische Austern und ein Glas Weißwein gehören. Und wie früher verwöhnen auch heute noch kleine Kapellen, Chöre oder Orchester die Sonntagsbummler im Sommer mit ihren **Platzkonzerten.**

› **Museum Arnold Vander Haeghen**, Veldstraat 82, Tel. 09 2698460, Fr. 10–12 u. 14–16, Sa. 14.30–17 Uhr, 6 €

> *Sonntäglicher Treffpunkt: der Blumenmarkt an der Kouter*

> **EXTRATIPP**
>
> ### Waschen und Relaxen
>
> Warum nicht das Angenehme mit dem Nützlichen verbinden: das Wäschewaschen mit dem Checken der Mails oder einer Kaffeepause? In der Genter Wasbar ist das möglich. Hier kann man bei einem Stück Kuchen und einer Tasse Cappuccino zusehen, wie Hemden und Hosen, T-Shirts, Röcke oder Kleider zu neuer Frische finden. Ein Waschsalon als Generationentreff mit Programm: einmal gibt es Livemusik, ein andermal wird gebastelt. Inzwischen gibt es in Antwerpen, Graf van Egmontstraat 5, eine zweite Wasbar [I D9].
>
> ◯**126** [III E7] **Wasbar**, Nederkouter 109, Tel. 09 3354825, www.wasbar.com, Mo.–Fr. 8–18, Sa./So. 10–18 Uhr

Gent entdecken

❸❾ Stadtmuseum Gent (STAM) ★★★ [III D8]

Ein Stadtmuseum wie aus dem Bilderbuch: Das Gebäude der stadthistorischen Sammlung vereint alte und neue Architektur. Den Kern bildet ein altes Kloster, die Bijloke-Abtei, deren älteste Teile aus dem Mittelalter stammen.

Zu den Highlights des Museums zählt der **gotische Speisesaal** des Klosters mit seinen einmaligen Wandmalereien. Aber auch der Rest kann sich sehen lassen. Auf 2800 m² Ausstellungsfläche wird die Geschichte Gents gezeigt und ein Ausblick auf künftige Stadtprojekte wie die Neugestaltung des alten Stadthafens geboten. Gents mittelalterliche Blütezeit veranschaulichen Gemälde und religiöse Gegenstände wie Prozessionsstangen, die bei kirchlichen Umzügen getragen wurden. Ebenfalls nicht zu kurz kommt die Rolle Gents als Industriestadt und Geburtsstätte der belgischen Arbeiterbewegung.

Beeindruckend sind die zahlreichen **Multimedia-Installationen**, die auch für unerfahrene Nutzer leicht zu bedienen sind. Und für Kinder gibt es eine **Spielecke** mit Lego-Bausteinen, aus denen die Jüngsten Gent in Miniatur ganz neu erschaffen können.

› STAM, Bijlokeviertel, Godshuizenlaan 2, Tel. 09 2671400, www.stamgent.be, Di.–So. 10–18 Uhr (Tickets bis 17.30 Uhr), 8 € (bis 18 Jahre frei), Audioguide Deutsch 3 €

❹⓿ St. Peterskirche und Universitätsviertel ★ [III F8]

Rund um die St. Peterskirche erstreckt sich das Universitätsviertel. So ist neben der 57 m hohen Kuppel von St. Peter, deren Vorbild, behauptet man in Gent, die Peterskirche in Rom gewesen sein soll, der **mächtige Bücherturm** (Rozier 9, www.lib.ugent.be) mit seinen 64 m Höhe nicht zu übersehen – ein architektonisches Meisterwerk des belgischen Stararchitekten Henry van de Velde. Der 24 Stockwerke hohe Bücherturm gilt als Symbol der Universitätsstadt. Er fasst mehr als drei Millionen Bücher.

Die Peterskirche wurde **auf dem Fundament einer romanischen Abtei errichtet.** Das schon im 7. Jh. gegründete Kloster wurde Ende des 18. Jh. auf politischen Druck hin aber aufgelöst. Sein mittelalterliches Refektorium ist noch immer eine Augenweide.

In der **Kunsthalle der St. Petersabtei** (s. S. 112) finden regelmäßig Ausstellungen statt. Wer will, kann mit einem Movieguide durch die Abtei streichen, bei dem ein „digitaler Mönch" den Besucher auf eine spannende Reise mitnimmt. Hinter der Kirche lockt übrigens einer der seltenen innerstädtischen Weinberge Belgiens!

› St. Peterskirche und Kunsthalle, Sint-Pietersplein 9, Tel. 09 2439730, www.visitgent.be, Di.–So. 10–18 Uhr (Tickets bis 17.15 Uhr), 6 €

 ☐ Kartenmaterial ab Seite 104

㉗ [III F5] St. Bavo (St. Baafskathedraal) S. 91
㉘ [III E5] Stadthalle S. 94
㉙ [III E5] Belfried S. 94
㉚ [III E5] Tuchhalle (Lakenhalle) und Rathaus (Stadhuis) S. 95
㉛ [III E5] Werregarenstraat S. 95
㉜ [III E4] Vrijdagmarkt (Freitagsmarkt) S. 95
㉝ [III E4] Kraanlei und Patershol S. 96
㉞ [III D4] Burg Gravensteen S. 97
㉟ [III D5] Korenlei und Graslei S. 98
㊱ [III D5] Michaelskirche mit Michaelsbrücke S. 99
㊲ [III E5] Korenmarkt und Nikolauskirche S. 99
㊳ [III E6] Veldstraat und Kouter S. 100
㊴ [III D8] Stadtmuseum Gent (STAM) S. 101
㊵ [III F8] St. Peterskirche und Universitätsviertel S. 101
㊶ [III E9] Museum für Schöne Künste S. 103
㊷ [III E9] Museum für zeitgenössische Kunst S. 103
2 [III D5] Belga Queen S. 23
8 [III F4] Stadtbrauerei Gruut S. 24
16 [III E6] Chocolaterie Van Hecke S. 25
17 [III D5] Hilde Devolder S. 25
18 [III E5] L. van Hoorebeke S. 25
19 [III F6] Yuzu by Nicolas Vanaise S. 25
125 [III E5] Groot Vleeshuis S. 97
126 [III E7] Wasbar S. 100
127 [III F6] Joost Arijs S. 108
128 [III D5] La Fille D'0 S. 108
129 [III E5] Mosterdfabriek Tierenteyn-Verlent S. 108
130 [III E6] Paard van Troje S. 108
131 [III E5] 't Dreupelkot S. 108
132 [III E4] Temmerman S. 108
133 [III E5] Zsa Zsa Rouge S. 108
134 [III E5] Biolebensmittel und Genter Spezialitäten S. 108
135 [III E6] Blumenmarkt S. 108
136 [III D6] Büchermarkt S. 108
137 [III F4] Flohmarkt S. 108
138 [III F5] Haustiermarkt S. 108
139 [III F6] De Vitrine S. 109
140 [III E4] J.E.F S. 109
141 [III E5] Mosquito Coast S. 109
142 [III F4] Eetkaffee Multatuli S. 109
143 [III E5] Max S. 109
144 [III D5] Restaurant Korenlei Twee S. 109
145 [III E5] De Foyer S. 109
146 [III E4] Soup Lounge S. 110
147 [III E5] Soup'r S. 110
148 [III D4] Avalon S. 110
149 [III E7] Greenway Foods S. 110
150 [III E5] Huize Colette S. 110
151 [III E4] Julie's House S. 110
152 [III E7] Schokoladenbar Mayana S. 110
154 [III F5] Charlatan S. 110
155 [III E5] Het Damberd S. 110
156 [III E8] De Gouden Saté S. 110
157 [III E4] Jiggers S. 111
158 [III E5] Old Fashioned S. 111
159 [III E5] Pink Flamingo's S. 111
160 [III E4] Rococo S. 111
161 [III E5] Trefpunt VZW S. 111
162 [III F7] Capitole S. 111
163 [III E6] Handelsbeurs – Konzertsaal S. 111
164 [III D7] Musikzentrum De Bijloke S. 111
165 [III E6] Vlaamse Opera Gent S. 111
166 [III E4] Huis van Alijn (Volkskundemusem Gent) S. 111
167 [III E8] Kunsthalle St. Petersabtei S. 112
168 [III A2] Museum Dr. Guislain – Geschichte der Psychiatrie (Außenseiterkunst) S. 112
169 [III F4] Museum für Industrie-Archäologie und Textil (MIAT) S. 112
170 [III D5] Museum voor Sierkunsten (Designmuseum Gent) S. 112
173 [III D5] Toerisme Gent S. 119
176 [III E12] Universitätsklinik Gent S. 121
179 [III F8] „De Wereld van Kina" S. 121
182 [III E6] Hauptpost Gent S. 123
186 [III C9] Bahnhof St. Pieters S. 123
187 [III G7] De Ligfiets S. 123
188 [III B10] Max Mobiel S. 123
191 [III E5] The Out S. 124
194 [III B6] Polizei Gent S. 124
199 [III G5] Schwimmbad van Eyck S. 125
218 [III B4] Andromeda S. 131
219 [III E7] Backstay Hostel Gent S. 131
220 [III D5] Gent Marriott Hotel S. 131
221 [III E4] Ghent River Hotel S. 131
222 [III F4] Hostel 47 S. 131
223 [III D5] Hostel Uppelink S. 131
224 [III D5] Hotel Gravensteen S. 131
225 [III E4] Hotel Harmony S. 131
226 [III E5] Hotel Ibis Gent Centrum St. Baafs Kathedraal S. 131
227 [III E5] NH Gent Belfort S. 131

Hier nicht aufgeführte Nummern liegen außerhalb der abgebildeten Karten. Ihre Lage kann aber wie die von allen Ortsmarken im Buch mithilfe der Web-App angezeigt werden (siehe Umschlagklappe).

㊶ Museum für Schöne Künste ★★★ [III E9]

Im Süden der Stadt findet sich Gents erste Anlaufstation für alle Freunde alter und neuer Kunst. Gleich zwei international bedeutende Musentempel, das Museum für Schöne Künste und das S.M.A.K. ㊷ locken Kunstsinnige aus aller Welt in die Stadt und in den Citadelpark.

Das **Museum für Schöne Künste** beherbergt eine der wichtigsten europäischen Gemäldesammlungen. In dem klassizistischen, 2007 komplett renovierten Bau liegt der Schwerpunkt auf der Kunst des 19. und 20. Jh. Zeichnungen und Gemälde zeugen von der Seelenlage der **Romantiker, Impressionisten, Expressionisten und Surrealisten.**

Zu den wertvollsten Ausstellungsstücken in den 44 Sälen gehören zwei **Bilder von Hieronymus Bosch**, dessen „Kreuztragung" und „Der Heilige Hieronymus" Besucher aus aller Welt immer wieder aufs Neue faszinieren. Aber auch Jacob Jordeans „Mariä Himmelfahrt", entstanden um 1650, und Rogier van der Weydens „Madonna mit Kind" (um 1480) verdienen besondere Beachtung.

Seit Neuestem kann man Spezialisten des Museums auch bei **der Restaurierung des weltberühmten Genter Altars** ㉗ zuschauen. In einem eigens zu diesem Zweck eingerichteten Atelier hat der Besucher bis 2019 Gelegenheit, durch eine Glaswand die filigrane Arbeit zu verfolgen – allerdings nur werktags.

Wer will, kann im Museum für Schöne Künste und im nahe gelegenen S.M.A.K. leicht einen ganzen Tag verbringen. Dazu tragen auch die beiden Museumscafés und -bistros bei.

> **Museum für Schöne Künste (MSK) Gent,** Citadelpark, Tel. 09 2400700, www.mskgent.be, Di.–So. 10–18 Uhr (Kassenschluss: 17.30 Uhr), Eintritt 8 €, bis 18 Jahre frei

㊷ Museum für zeitgenössische Kunst ★★★ [III E9]

Nur einen Steinwurf vom Museum der Schönen Künste ㊶ entfernt, ebenfalls im Citadelpark gelegen, kommen die Freunde aktueller Gegenwartskunst auf ihre Kosten. Das S.M.A.K. (Stedelijk Museum voor actuele Kunst) ist das größte Museum seiner Art in Flandern. Hier legt man Wert auf ständige Wechselausstellungen.

Das Museum für Zeitgenössische Kunst gilt wegen seiner Präsentationsformen als Trendsetter und macht durch spektakuläre Kunstaktionen immer wieder auf sich aufmerksam.

> **S.M.A.K.**, Citadelpark, Tel. 09 2407601, www.smak.be, Di.–So. 10–18 Uhr (Kassenschluss: 17.30 Uhr), Eintritt 8 €

> *Eingang zum Museum für Schöne Künste in Gent*

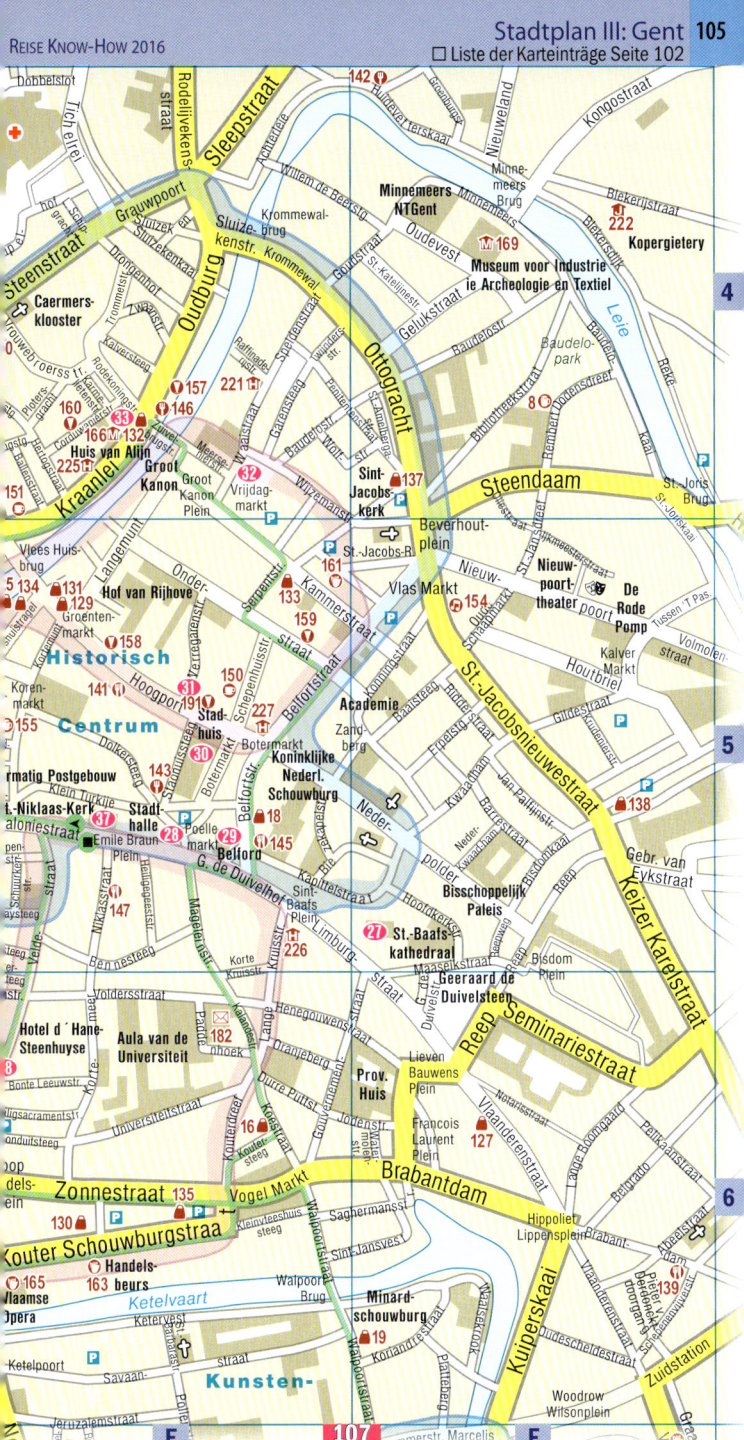

Nützliche Adressen

Einkaufen

Trotz seiner Größe ist Gent keine so weiträumige Einkaufsstadt wie Antwerpen. Die wichtigsten Einkaufsstraßen finden sich zwischen Belfried ㉙ und Universitätsbibliothek und rund um den Vrijdagmarkt ㉜. Die meisten großen Ladenketten finden sich auf der **Veldstraat** ㊳ und der Langemunt [III E5]. Das Shoppingcenter Gent Zuid liegt gegenüber der Stadtbibliothek auf dem Woodrow Wilsonplein [III F6]. Kunst- und Antiquitätenliebhaber sind am Steendaam [III F4] und in der Burgstraat, Freunde des Vintage rund um die Serpentstraat richtig.

Ausgefallene Einkaufsideen

🛍**127** [III F6] **Joost Arijs,** Vlaanderenstraat 24, Tel. 09 3362310, www.joostarijs.be, Mi.–Sa. 9–18.30, So. 9–16 Uhr. Chocolaterie und Patisserie, die zu den besten des Landes zählt.

🛍**128** [III D5] **La Fille D'O,** Burgstraat 21, Tel. 09 3348010, www.lafilledo.com, Mo.–Sa. 10–18 Uhr. Elegante Unterwäsche und Badebekleidung der Genter Designerin Murielle Scherre. Exklusiv und teuer.

🛍**129** [III E5] **Mosterdfabriek Tierenteyn-Verlent,** Groentenmarkt 3, Tel. 09 2258336, www.tierenteyn-verlent.be, Mo.–Fr. 8.30–18, Sa. 9–18 Uhr. Seit 1790 wird hier Senf gemacht und in kleinen Steinguttöpfchen abgefüllt, ideale Souvenirs.

🛍**130** [III E6] **Paard van Troje,** Kouter 113–114, Tel. 09 3300883, www.pardvantronje.be, Mo. 13–18, Di.–Sa. 10–18, So. 9–13 Uhr. Herausragender Buchladen mit kleinem Café.

🛍**131** [III E5] **'t Dreupelkot,** Groentenmarkt 12, Tel. 09 2242120, www.dreupelkot.be, Mo.–Sa. ab 16 Uhr. Genever-Handlung mit großer Auswahl (s. S. 98).

🛍**132** [III E4] **Temmerman,** Kraanlei 79, Tel. 09 2240041, Mi.–Sa. 11–18 Uhr. Süßwarenladen mit großer Tradition Spezialität sind die *Mammelokkerkes* (s. S. 95): kleine Kekse in Form kleiner Brüste, gefüllt mit Mandelcreme und Kokos!

🛍**133** [III E5] **Zsa Zsa Rouge,** Serpentstraat 22, Tel. 09 2259363, www.zsazsarouge.be, Mo.–Sa. 10–18 Uhr. Vintage vom Feinsten: Kitschtassen und vieles, was man nicht braucht, aber trotzdem gefällt.

Märkte in Gent

🛍**134** [III E5] **Biolebensmittel und Genter Spezialitäten,** Groentenmarkt, Fr. 7.30–13 Uhr

🛍**135** [III E6] **Blumenmarkt,** De Kouter, tgl. 7–13 Uhr

🛍**136** [III D6] **Büchermarkt,** Ajuinlei, So. 9–13 Uhr

🛍**137** [III F4] **Flohmarkt,** Bij Sint-Jacobs, Fr.–So. 8–13 Uhr

🛍**138** [III F5] **Haustiermarkt,** Oude Beestenmarkt, So. 7–13 Uhr

› **Vrijdagmarkt** ㉜, allgemeiner Markt Fr. 7.30–13, Sa. 11–18.30 Uhr

△ *Mosterdfabriek Tierenteyn-Verlent*

EXTRATIPPS

Gent für Naschkatzen
Kroakemandels heißen die in Öl frittierten Erbsen, die vor allem während der Gentse Feesten (s. S. 13) serviert werden. **Schneebälle** sind eine von September bis März gefertigte, mit Zartbitterschokolade überzogene Köstlichkeit. Eine besondere Genter Kostbarkeit sind **Cuberdons**. Die Süßigkeiten mit einem weichen Kern aus Gelee werden nicht exportiert und sind deshalb eigentlich nur in Belgien erhältlich. Weil sie kleinen Nasen ähneln, heißen sie volkstümlich *Neuzeke* (Näschen).

Wein von der Schelde
Seit mehreren Jahren – der Klimawandel macht's möglich – produziert das **Weingut Waes** flämische Landweine, die es in Gent zu kaufen und kosten gibt – zum Beispiel im **Eetkaffee Multatuli** (siehe unten).

Dinner for one
144 [III D5] **Restaurant Korenlei Twee** €€-€€€, Korenlei 2, Tel. 09 2240073, www.korenleitwee.be, Di.-Sa. 12-14.30 und 18-22, So. 12-14.30 Uhr. Elegantes Restaurant in altem Speicherhaus, das mit Lammschulter oder frischer Seezunge verwöhnt. Für alle, die sich auch allein was gönnen wollen! Im Sommer schöne Terrasse mit Blick auf die Leie.

Essen mit Aussicht
145 [III E5] **De Foyer** €-€€, Sint-Baafsplein 17, Tel. 09 2341354, www.foyerntgent.be, Mi.-Fr. 12-14 und 18.30-21.30, Sa. 11.30-22.30, So. 10.30-22 Uhr. Brasserie im Theaterfoyer mit einmaligem Terassenblick auf St. Bavo und Belfried! Französisch-belgische Küche, täglich preiswerter Lunch, sonntagvormittags Brunch-Buffet.

Gastronomie

Restaurants
139 [III F6] **De Vitrine** €€€, Branbantdam 134, Tel. 09 3362808, www.de-vitrine.be, Di.-Fr. 12-14, Di.-Sa. Abendreservierungen um 18.30 und 21 Uhr. Bistroküche des Sternekochs Kobe Desramaults in einer alten Metzgerei.

140 [III E4] **J.E.F.** €€, Lange Steenstraat 10, Tel. 09 3368058, www.j-e-f.be, Di.-Do. 12-14 u. 19-22, Fr. 12-14, 19-1, Sa. 19-22 Uhr. Kulinarische Glanzstückchen aus einfachen Zutaten. Der sternegekrönte Chef gehört zu den *Flemish Foodies*, den neuen wilden Köchen Flanderns.

141 [III E5] **Mosquito Coast** €€, Hoogport 28, Tel. 09 2243720, www.mosquitocoast.be, Di.-Sa. ab 11, So. ab 15 Uhr (Küche: 18-22.30 Uhr). In einem ehemaligen Reisebüro wird die große Welt ganz klein, zum Känguru-Steak gibt es auch einen Absinth. Traveller willkommen!

Für den kleinen Hunger und Geldbeutel
142 [III F4] **Eetkaffee Multatuli** €, Huidevetterskaai 40, Tel. 09 2230711, www.eetkaffee-multatuli.be, Mi.-So. ab 16 Uhr. Etwas abseits der City, aber der Weg lohnt! Punkten kann der mit Bier gekochte Eintopf *(Stoverij)*.

143 [III E5] **Max** €, Goudenleeuwplein 3, Tel. 09 2239731, www.etablissement max.be, Mi.-Mo. 10-18 Uhr (Sa. bis 22 Uhr). Renommierte Waffelbäckerei mit langer Familientradition, die Ahnen des Brasserie-Chefs sollen einst im Jahr 1839 das Waffelbacken erfunden haben.

Gent, Nützliche Adressen

065fl Abb.: gs

EXTRATIPP

Für den späten Hunger
156 [III E8] **De Gouden Saté** €, Sint-Pietersplein 28. Stadtbekannte Frittenbude im Studentenviertel, die von 17 Uhr bis 7 Uhr morgens durchgehend geöffnet hat – und am Wochenende fast rund um die Uhr. „Zeer lekker frietjes", schwärmen viele.

146 [III E4] **Soup Lounge** €, Zuivelbrugstraat 6, Tel. 09 2236203, tgl. 10–19 Uhr. Täglich werden vier frische Suppen hausgemacht, dazu gibt zwei Brötchen und Obst. Gesund, lecker und preiswert, ideal für den kleinen Hunger!

147 [III E5] **Soup'r** €, Sint Niclaasstraat 9, Di.–Sa. 11.30–17 Uhr. Suppenküche mit wöchentlich sechs neuen Sorten, die in verschieden großen Portionen und mit frischem Brot serviert werden.

Vegetarische Küche

148 [III D4] **Avalon**, Geldmunt 32, Tel. 09 2243724, www.restaurantavalon.be, Di.–Sa. 11.30–14.30 Uhr. Vegetarisches Restaurant gegenüber der Burg Gravensteen mit feinster Küche.

149 [III E7] **Greenway Foods** €, Nederkouter 42, Tel. 09 2690769, www.greenway.be, Mo.–Sa. 11–22 Uhr. Das erste belgische vegetarische Fast-Food-Lokal ist noch immer gefragt. Große Salat- und Saftbar, Pasta, Veggieburger, Schokokuchen für Veganer.

Cafés

150 [III E5] **Huize Colette**, Belfortstraat 6, Tel. 478906473, Di.–Fr. 9–19, Sa.–So. 10–19 Uhr. Mischung aus Café und Gebrauchtbuchladen. Bekannt für heiße Schokolade, zu der leckere Kuchen auf den Tisch kommen. Beliebt ist der Brunch!

151 [III E4] **Julie's House**, Kraanlei 13, Tel. 09 2333390, www.julieshouse.be, Mi.–So. 9–18 Uhr. Kuchen und Kaffee satt neben feinem Tee. Auch gut geeignet um zu frühstücken!

152 [III E7] **Schokoladenbar Mayana**, Sint-Pietersnieuwstraat 99, Tel. 497403404, www.mayana.be, Mo.–Do. 14–22, Fr.–So. 14–18 Uhr. Der Himmel für Schokofreunde! In Antwerpen gibt es einen Zweitladen am Lijnwaadmarkt 11 (Mo.–Sa. 12–22, So. 12–18 Uhr).

Nachtleben

153 **Bombardon**, Klieniekstraat 68, Tel. 472760817, Mi.–So. 18–1.30 Uhr. Musikkneipe am Stadtrand, wo jeder musizieren kann. Entweder am Piano oder mithilfe selbst mitgebrachter Platten …

154 [III F5] **Charlatan**, Vlasmarkt 6, Tel. 09 2242457, www.charlatan.be, Di.–So. ab 20 Uhr. Musik-Café, oft kostenlose Livekonzerte, Party bis zum Morgengrauen!

155 [III E5] **Het Damberd**, Korenmarkt 19, Tel. 09 3295337, Mo.–Fr.

Viele Restaurants finden sich rund um die Sint-Baafsplein (s. S. 91) im Zentrum der Altstadt

11–4, Sa. 12–4, So. 13–4 Uhr. Multikulturelle Bier- und Jazzkneipe im Zentrum, mehr für Existentialisten als für Lifestyle-Apostel!

⭕**157** [III E4] **Jiggers**, Oudburg 16, Tel. 09 3357025, www.jiggers.be, Di.–Do. 17–1, Fr./Sa. 17–2.30 Uhr. Angesagte Cocktailbar für Freunde von Martinis, Cosmopolitans und Manhattans. Jede Woche neue Kreationen.

⭕**158** [III E5] **Old Fashioned**, Hoogport 19, Tel. 09 2795215, www.old-fashioned.be. Kleine Cocktail- und Absinthbar im Belle-Époque-Stil. Sehr große Auswahl!

⭕**159** [III E5] **Pink Flamingo's**, Onderstraat 55, www.pinkflamingos.be, Tel. 09 2334718, So./Mo. 17–24, Mi. 12–24, Do./Fr. 12–3, Sa. 14–3 Uhr. Feinster Vintage-Kitsch samt passender Musik und Möblierung.

⭕**160** [III E4] **Rococo**, Corduwanierstraat 57, Tel. 09 2243035, Di.–So. 21–3 Uhr. „Betty" nennen die Einheimischen die kleine Bar im Szeneviertel Patershol. Viel Kerzenlicht freut die Verliebten, für den Rest gibt es den Liqueur d'Amour ...

⭕**161** [III E5] **Trefpunt VZW**, Bij Sint Jacobs 18, Tel. 09 2253676, Mo.–Do. ab 17 Uhr, Fr.–So. ab 16 Uhr. Multikulti-Treff, der oft Livekonzerte und Theater anbietet.

Theater und Konzerte

⭕**162** [III F7] **Capitole**, Graaf van Vlaanderenplein 5, Tel. 09 2332999, www.capitolegent.be. Das ehemalige Kino ist heute ein Mekka der Musicalfreunde. 1500 Personen können sich hier außerdem auf Ballettaufführungen, Comedy und Kabarett freuen.

⭕**163** [III E6] **Handelsbeurs – Konzertsaal**, Kouter 29, Tel. 09 2659165, www.handelsbeurs.be. Eine der ersten Genter Konzert- und Veranstaltungsadressen. Pop, Rock, Weltmusik, Jazz und Klassik sind hier zu Hause.

„Veggiestadt" Gent

Seit 2009 ist in Gent jeden Donnerstag „Veggietag". Dann kommt in allen öffentlichen Einrichtungen wie Kantinen oder Mensen vor allem Gemüse auf den Teller.

Mehr als 100 Gaststätten beteiligen sich an der Aktion, der sich inzwischen auch Hotels angeschlossen haben, die vegetarisches Frühstück anbieten. Eine Broschüre mit allen Angeboten gibt es im Touristenbüro der Stadt (s. S. 119).

Wissenschaftler hatten den Gentern zu Beginn ihrer vegetarischen Offensive vorgerechnet, dass, wenn sich alle Einwohner einmal wöchentlich fleischlos ernähren, sie die CO_2-Emissionen von umgerechnet 18.000 Autos wettmachen.

⭕**164** [III D7] **Musikzentrum De Bijloke**, Jozef Kluyskenstraat 2, Tel. 09 2699292, www.debijloke.be. Musikzentrum mit vier Sälen, das jährlich mehr als 100 Konzerte bietet. Blickfang ist ein ehemaliger Krankensaal mit wunderschöner Holzdecke.

⭕**165** [III E6] **Vlaamse Opera Gent**, Schouwburgstraat 3, Ticket-Tel. 070220202, www.vlaamseopera.be. Eine Spezialität dieses großen Opernhauses sind die sogenannten Lunchkonzerte im Opernfoyer, die während der Mittagspause stattfinden.

Museen und Galerien

🏛**166** [III E4] **Huis van Alijn (Volkskundemuseum Gent)**, Kraanlei 65, www.huisvanalijn.be, Tel. 09 2353800, Di.–Sa. 11–17, So. 10–17.30 Uhr, 6 €. Das kleine Museum im Herzen der Stadt erzählt vom Alltag aus der ersten Hälfte des 20. Jahrhunderts, von Mundart und Bräuchen, die die Flamen einst pflegten. Besonders schön ist der Innenhof, der vom Museumscafé bewirtschaftet wird.

167 [III E8] **Kunsthalle St. Petersabtei,** Sint-Pietersplein 9, Tel. 09 2439730, www.sintpietersabdijgent.be, Di.–So. 10–18 Uhr, 8 € inkl. Movie-Guide. Highlight ist eine virtuelle Tour (Movie-Guide: 4 €) mit dem Benediktinermönch „Alison", der zu den Geheimnissen der Abtei führt. Ein Spaß für die ganze Familie!

168 [III A2] **Museum Dr. Guislain – Geschichte der Psychiatrie (Außenseiterkunst),** Jozef Guislainstraat 43, www.museumdrguislain.be, Tel. 09 2163595, Di.–Fr. 9–17, Sa.–So. 13–17 Uhr, Eintritt: 8 €. Das gibt es nur einmal in Belgien: ein ganz der Psychiatrie und ihrer Geschichte gewidmetes Museum. Die älteste psychiatrische Einrichtung des Landes, ein Irrenhaus aus dem Jahr 1857, bildet die eindrucksvolle Kulisse. Die Geschichte der Psychiatrie dokumentieren zahllose Fotografien aus dem 19. Jh. und ausgesuchte Ausstellungsstücke. Anhand einer großen Sammlung sogenannter „Außenseiterkunst" fragt das Museum zudem, was normal ist oder nicht – eine Frage, die den Toleranzbegriff schärfen soll.

41 [III E9] **Museum für Schöne Künste,** Gent. Der Schwerpunkt liegt in Gent auf der Kunst des 19. und 20. Jahrhunderts: Romantiker, Impressionisten, Expressionisten und Surrealisten verzaubern hier die Betrachter. Highlight der Sammlung sind aber zwei Gemälde von Hieronymus Bosch.

169 [III F4] **Museum für Industrie-Archäologie und Textil (MIAT),** Minnemeers 9, Tel. 09 2694200, www.miat.gent.be, Di.–So. 10–18 Uhr, 6 €. Das Museum in einer ehemaligen Baumwollspinnerei erzählt über fünf Stockwerke vor allem Technikgeschichte. Am Beispiel einer Großfamilie wird in dem Museum die Industrialisierung über sechs Generationen hinweg veranschaulicht: von den Anfängen, als der Arbeitskampf noch in den Kinderschuhen steckte, bis zur Internetgesellschaft von heute. Die Textilgeschichte führt von den Anfängen der Baumwollverarbeitung bis in die Moderne und macht deutlich, was Kleidung heute alles kann.

170 [III D5] **Museum voor Sierkunsten (Designmuseum Gent),** Jan Breydelstraat 5, Tel. 09 267999, www.design.museum.gent.be, Di.–So. 10–18 Uhr, 10 €. Im alten Bürgerhaus „Hotel de Coninck" aus dem 18. Jh. finden sich Meisterwerke europäischer Designer neben Prachtstücken des Art déco. So gehört dem Museum eine der schönsten Art-nouveau-Sammlungen Belgiens. Die ausgestellten Designerstücke umfassen Möbel, Kleidung, Keramik, Glas und Kleinfahrzeuge.

42 [III E9] **S.M.A.K. Gent.** Das Museum für Aktuelle Kunst, das größte seiner Art in Flandern, liegt direkt neben dem Museum für Schöne Künste **41** im Citadelpark. Neben den Wechselausstellungen zeigt das Museum immer wieder neue Werke aus seinem mehr als 2000 Arbeiten umfassenden Fundus. Das S.M.A.K. gilt wegen seiner Präsentationsformen als Trendsetter zeitgenössischer Kunst.

39 [III D8] **STAM – Stadtmuseum Gent.** Das Museum erzählt Gents Geschichte auf modernste Art: virtuell und real mit vielen archäologischen Funden, Gemälden und anderen musealen Gegenständen.

PRAKTISCHE REISETIPPS

An- und Rückreise

Wer Flanderns Metropolen besuchen will, braucht eigentlich kein eigenes Fahrzeug, denn alle Städte sind **mit dem Zug leicht zu erreichen.** Vor Ort stehen für Fußfaule Mietwagen oder Fahrräder zur Verfügung. Was gegen das eigene Auto spricht, sind zudem die **vielen Fußgängerzonen und teuren Parkplätze.** Vor allem Gent hat seine Altstadt zum Großteil für den Verkehr gesperrt.

Wer allerdings einen kurzen Badeurlaub an der Nordsee in sein Ferienprogramm mit einplant oder seine Zelte nicht in der Stadt, sondern auf dem Land aufschlagen will, ist mit den eigenen vier Rädern am besten dran. Die Anreise mit dem Flugzeug lohnt sich der Zeitersparnis wegen bestenfalls für Österreicher, Schweizer, Süd- und Ostdeutsche.

Mit dem Auto

Wer nicht gerade im deutschen Westen wohnt, ist mit dem Auto nach Flandern gewöhnlich einen Tag unterwegs. Wer aus Österreich, der Schweiz oder Süddeutschland anreist, sollte unter Umständen eine Übernachtung in der Saar-Lor-Lux-Region oder den Ardennen einplanen. Die **grüne Versicherungskarte** als Nachweis der Kfz-Haftpflichtversicherung ist für die Einreise nach Belgien keine Pflicht, kann einem aber Ärger ersparen. Selbstverständlich ist die Mitnahme von Fahrzeugschein und Führerschein.

Belgien hat ein **besonders dichtes und sehr gut ausgebautes Autobahnnetz.** Die Anreise nach Flandern erfolgt in der Regel über die Autobahn Köln–Aachen–Brüssel oder Duisburg–Eindhoven–Antwerpen oder für alle, die aus Richtung Schweiz oder Baden-Württemberg kommen, über die Autobahn Luxemburg–Brüssel.

Mautgebühren kennt Belgien im Moment nur für Fahrzeuge ab 3,5 Tonnen. Sie müssen mit einer sog. On-Board-Unit ausgestattet und beim Betreiber registriert sein. Die aktuellen Mauttarife finden sich unter www.viapass.be/de/downloads. Auch der Autobahntunnel auf dem Antwerpener Ring kostet für Fahrzeuge ab 3,5 Tonnen Gebühren.

Mit dem Zug

Nachdem auch Belgien seine Schnellbahnstrecken weiter ausgebaut hat, ist die Bahn eine bequeme und **schnelle Alternative zum Auto.** Viele Züge fahren direkt nach Brüssel, von wo es nicht mehr weit zu den anderen flandrischen Städten ist. So ist man von Frankfurt aus mit dem ICE in rund drei Stunden in Belgiens Hauptstadt, genauso schnell ist der Thalys täglich mehrmals von Essen nach Brüssel unterwegs, etwa sieben Stunden dauert die Anreise aus Hamburg oder Berlin.

Von Brüssel aus verkehren Anschlusszüge Richtung Antwerpen, Gent oder Brügge tagsüber im Stundentakt, zu Spitzenzeiten häufiger. Die Fahrzeit von Brüssel nach Antwerpen dauert ca. 35 Minuten, nach Gent rund 40 Minuten und nach Brügge eine knappe Stunde. Belgiens Bahnen fahren übrigens links. Wer also seinen Bahnsteig wie gewohnt nach Gefühl wählt, sieht seinen Zug dann auf der anderen Seite abfahren!

◁ *Vorseite: Pferdewagen am Antwerpener Grote Markt* **9**

Wer nicht an einen bestimmten Termin gebunden ist, sollte den **Sondertarif Europa-Spezial** der Deutschen Bahn nutzen, der schon für 39 € (1. Klasse: 69 €) eine einfache Fahrt nach Flandern möglich macht. Allerdings muss man sich dann auf bestimmte Züge festlegen, ist also nicht so flexibel wie mit einer normalen Fahrkarte.

Über die besten Zugverbindungen informieren die Webseiten der jeweiligen Bahngesellschaften:
› www.bahn.de
› www.sbb.ch
› www.oebb.at
› www.belgianrail.be
› www.thalys.com
› Info-Telefon der Belgischen Bahn zu Sonderangeboten und Fahrzeiten: Tel. +32 (0)25 282828 (tgl. 7–21.30 Uhr)

Mit dem Bus

Für jüngere Leute und Reisende mit größerem Gepäck und viel Zeit ist die Anreise mit dem Bus eine Überlegung wert. So gibt es aus vielen Städten Verbindungen nach Brüssel, zum Teil auch Direktbusse nach Antwerpen oder Gent.
› www.busliniensuche.de
› www.eurolines.com

Mit dem Flugzeug

Für Flugreisende nach Flandern bleibt zur Anreise gewöhnlich der **internationale Flughafen Brüssel-Zaventem** (www.brusselsairport.be), der knapp 14 km nordöstlich von Brüssel liegt. Antwerpen-Besucher können auch den internationalen Flughafen im niederländischen Amsterdam nutzen, von wo der superschnelle Thalys in einer knappen Stunde in die belgische Stadt fährt. Mittlerweile können Flugreisende von Deutschland aus auch **direkt nach Antwerpen** fliegen. Den nur sieben Kilometer vom Stadtzentrum entfernten Flughafen steuert **Fly vlm** von Hamburg direkt an, **Jetairfly** verbindet Antwerpen ohne Zwischenstopp mit Berlin. Vom Flughafen Antwerpen bringen die Buslinien 51 bis 53 den Reisenden in die Stadt (3 €).

Amsterdam und Brüssel werden täglich von allen großen deutschen, Schweizer und österreichischen Flughäfen angesteuert. Oft – wie nach Berlin, Frankfurt, Zürich oder Wien – gibt es gleich mehrere Verbindungen am Tag. Zu den **wichtigsten Fluglinien** nach Belgien gehören Lufthansa, Austrian Airlines, Swiss und Brussels Airlines. Als Chartergesellschaft operiert auf der Strecke von Amsterdam nach Berlin, Basel, Hamburg und Genf auch easyJet.

Suchmaschinen (z. B. www.swoodoo.com) helfen gelegentlich bei der Jagd nach einem Schnäppchen. Oft kann man, wenn man seine Reise nur um ein paar Stunden oder Tage verlegt, sehr viel Geld sparen.
› www.austrian.com
› www.brusselsairlines.com
› www.easyjet.com
› www.flyvlm.com
› www.germanwings.com
› www.jetairfly.com
› www.lufthansa.com
› www.swiss.com

Kein Problem ist die Verbindung **vom Flughafen Brüssel in die flandrischen Metropolen**. Direkt unter dem Terminal befindet sich eine Bahnstation, von der Züge mehrmals in der Stunde in ca. 20 Minuten zu den drei wichtigsten Bahnhöfen Brüssels (Nord, Centrale und Midi) fahren. Von dort geht es meist problemlos weiter. „Diabolo" heißt eine Schnellzugverbin-

auf den Flughafen Brüssel wurden die **Sicherheitsvorkehrungen erheblich verstärkt.** Für Flugreisende heißt das, beim Abflug viel mehr Zeit als gewohnt einzuplanen.

> www.airportexpress.be

Autofahren

Autofahrer sollten sich auf ein **Geschwindigkeitslimit** auf allen belgischen Autobahnen von 120 km/h einrichten. Auf zweispurigen Nationalstraßen gilt Tempo 90, in Ortschaften Tempo 50 oder 30. Raser seien vor der belgischen Polizei gewarnt, die mit Radargeräten überall präsent ist. Zudem sind die Strafen für Temposünder in Belgien deutlich höher als in anderen Ländern. Wichtig: **Bußgelder** müssen Touristen **an Ort und Stelle bar begleichen.**

Straßenbahnen und Busse haben immer Vorfahrt. Die **Alkoholgrenze** beträgt 0,5 ‰. Wer mehr Alkohol im Blut hat, ist seinen Führerschein erst einmal für ein paar Stunden los! Und natürlich sind auch in Belgien **Handytelefonate am Steuer** verboten.

Wegen des Mangels an Parkraum in den Innenstädten kennen Flanderns Behörden gegenüber Parksündern wenig Pardon. Da die **Parkgebühren** in den Innenstädten recht hoch sind, in der Regel mindestens 2 € pro Stunde, ist es oft sinnvoll, sein Fahrzeug außerhalb der City auf einem ausgeschilderten Park-and-ride-Platz zu parken und mit Bus oder Straßenbahn weiterzufahren.

Öffentliche Parkgaragen sind mit dem Schild „Parkeergarages" markiert. Sollte man entlang einer Straße einen Parkplatz gefunden haben, zieht man sein Parkticket *(Parkeerticket)* aus einer der Parkuhren

dung, die den Brüsseler Flughafen Zaventem in einer guten halben Stunde mit Antwerpen verbindet und den zeitraubenden Umweg über Brüssel überflüssig macht.

Gut sind auch die **Busverbindungen vom Flughafen.** So fährt jede Stunde der „Airport Express" direkt in die Innenstadt von Antwerpen und umgekehrt. Die Fahrzeit beträgt rund 45 Minuten, Tickets (Erwachsene 10 €, Kinder 5 €) gibt es direkt beim Fahrer. Die Busse verkehren von morgens um fünf Uhr bis Mitternacht. Übrigens: Nach dem Anschlag

Jetzt auch für Parker in Flandern: Zahlen per Mobiltelefon

(Parkeermeter) in der Nähe. (In den meisten Städten müssen Parkuhren inzwischen bis 22 Uhr bedient werden.) Neuerdings kann man an vielen Parkuhren auch per Handy bezahlen. Vor Bordsteinen, die mit einer gelben Linie durchgehend gekennzeichnet sind, besteht generelles **Parkverbot**.

Mitnehmen müssen Autofahrer nach Belgien auch eine **Warnweste**, die nach einem Unfall oder einer Panne angelegt werden muss. Wer bei Kontrollen ohne Weste erwischt wird, muss mit sehr hohen Bußgeldern rechnen. Da die belgischen Pannenhilfe-Unternehmen nicht verpflichtet sind, Nichtmitgliedern zu helfen, empfiehlt es sich, vor Reiseantritt einen im Ausland gültigen **Schutzbrief** zu erwerben, der u. U. größere Ausgaben erspart.

› **Allgemeine Pannen-Notrufnummer:** 070 344777, mit Handy Tel. +32 (0) 70344777
› **ADAC:** Tel. +49 (0)89 222222
› **ÖAMTC:** Tel. +43 (0)1 2512000
› **Touring Club Schweiz:** Tel. +41 (0)22 4172220

Fast alle großen **Mietwagenfirmen** haben in den drei flandrischen Städten und auf den großen Flughäfen Verleihstationen. Am besten bucht man sein Fahrzeug schon von zu Hause aus, entwerder direkt beim Vermieter oder über einen Internetbroker, z. B.:

› www.billiger-mietwagen.de
› www.holidayautos.de

Barrierefreies Reisen

Auf dem oft **holprigen Pflaster** in den historischen Stadtkernen ist das Rollstuhlfahren nicht immer einfach. Auch fehlt manchmal ein behindertengerechter Zugang zu Hotels und Museen. Allerdings werden überall große Anstrengungen unternommen, diese Defizite abzubauen. So sind die meisten **großen Museen inzwischen barrierefrei**, außerdem wurden auf öffentlichen Parkplätzen spezielle Plätze für Behinderte ausgewiesen. Auch die öffentlichen Busse sind großteils behindertengerecht ausgestattet, zumindest alle neuen Fahrzeuge.

Gute Dienste bei der Reiseplanung leistet die Organisation **Toegankelijk Reizen** mit ihrer Webseite www.entervzw.be.

Diplomatische Vertretungen

› **Botschaft der Bundesrepublik Deutschland**, Rue Jacques de Lalaingstraat 8 – 14, 1040 Brüssel, Tel. +32 (0)2 7871800, Bereitschaft für Notfälle: Tel. 0475 577762, www.bruessel.diplo.de, Telefonsprechzeiten: Di., Do. 14 – 15 Uhr
› **Österreichische Botschaft**, Place du Champ de Mars 5, 1050 Brüssel, www.bmeia.gv.at, Tel. +32 (0)2 2890700, Bereitschaft für Notfälle: 0486 288104, Mo. – Fr. 9.30 – 12 Uhr
› **Schweizer Botschaft:** Konsularanfragen sind an die Botschaft in Den Haag zu richten: www.eda.admin.ch/denhaag.

Elektrizität

In Belgien beträgt die **Stromspannung** in der Regel 230 Volt Wechselstrom bei einer Frequenz von 50 Hz, ist also mit jener in D, A und CH identisch. Für mitgebrachte Geräte wie Föhn oder Laptop dürften die genormten Steckdosen problemlos sein.

Geldfragen

Belgien ist **Teil der Euro-Zone**, sodass ein Devisentausch für Deutsche und Österreicher nicht nötig ist.

Die **Mehrwertsteuer** beträgt 21 % und heißt auf Niederländisch „Belasting over de Toegevoegde Waarde", kurz BTW. Für Nahrungsmittel, Zeitungen, Bücher und ein paar Waren oder Dienstleistungen, die als Grundbedürfnisse angesehen werden, gilt ein ermäßigter Mehrwertsteuersatz von 6 %. Da Geschäfte, Restaurants und Hotels, Museen und große Veranstalter in der Regel alle gängigen **Kreditkarten** akzeptieren, braucht man in seiner Reisekasse eigentlich nur Taschengeld. Bei Zahlung mit einer Kreditkarte muss man aber unter Umständen seinen Ausweis vorlegen.

Wie anderswo auch sind in Belgien die **Preise** in den Stadtzentren oft höher als im Umland. Das gilt vor allem für Unterkunft und Verpflegung. So zahlt man auf dem Marktplatz in Brügge für ein Glas Bier deutlich mehr als in einer Kneipe am Stadtrand. Das Preisniveau selbst ist zuletzt angestiegen, was vor allem auch an Steuererhöhungen wie etwa für Bier oder Wein liegt. Mit einem Mittelklassehotel und zwei Mahlzeiten am Tag sollte man, ein paar Museumsbesuche mit eingerechnet, pro Person mit einem Tagessatz von 120 bis 150 € in allen drei Städten gut hinkommen.

EXTRAINFO

Wechselkurs
Der Wechselkurs des Schweizer Franken zum Euro schwankt:
1 SFr.   0,90 €
1 €   1,10 SFr.
(Stand: Juni 2016)

Flandern preiswert

› *Restaurantbesucher können **mittags meist billiger essen als abends**. Viele Gastronomen bieten einen speziellen **Mittagslunch** an ein meist dreigängiges Mahl, dessen Preis oft deutlich unter dem der abendlichen Menüs liegt.*

› ***Billige Bahnfahrten** in Belgien erlauben zahlreiche Bahnpässe europäischer Eisenbahngesellschaften. So gibt es Pässe, die preiswertes Reisen in Deutschland und allen Benelux-Staaten ermöglichen, oder Angebote, die nur in den Beneluxländern gelten. Außerdem gibt es für Wochenendfahrten in Belgien (Fr.-So.) 50 % Ermäßigung. Und auch Senioren über 65 Jahren erhalten Vorzugstickets (www.eurail.com).*

› *Viel Geld lässt sich auch mit den sogenannten „City Cards" sparen. In Brügge erlaubt die **Brugge City Card** eine kostenlose Grachtenfahrt, freien Eintritt in über 20 Museen sowie Ermäßigungen bei der Fahrradmiete oder beim Parken. **Antwerpens City Card** gewährt den kostenlosen Zugang zu vielen Museen und Kirchen sowie Vergünstigungen in Geschäften, bei der Fahrradleihe und in Restaurants. In Gent erlaubt die **City Card Gent** kostenlose Fahrten zu Wasser und zu Land sowie freien Eintritt in die wichtigsten Museen und Sehenswürdigkeiten. Die Pässe sind in den Fremdenverkehrsämtern der drei Städte (siehe Kapitel „Infostellen in den Städten", rechte Seite) erhältlich!*

Informationsquellen

Infostellen zu Hause

› **Deutschland: Tourismus Flandern-Brüssel**, Stolkgasse 25-45, 50667 Köln, Tel. 0221 2709777, www.visitflanders.de
› **Österreich und Schweiz: Tourismus Flandern-Brüssel**, Mariahilfer Str. 121b, 1060 Wien, Tel. 01 5960660, www.flandern.at

Infostellen in den Städten

❶ **171** [I E6] **Tourismus & Kongress Antwerpen**, Grote Markt 13–15, 2000 **Antwerpen**, Tel. +32 (0)3 2320103, www.visitantwerpen.be, Mo.–Sa. 9–17.45, So. 9–16.45 Uhr. Zweigstelle der Tourist-Info, die zu den gleichen Zeiten geöffnet hat, findet sich im Hauptbahnhof ❶.
❶ **172** [II C8] **Toerisme Brugge**, 't Zand 34 (Concertgebouw), 8000 **Brügge**, Tel. +32 (0)5 0444646, https://bezoekers.brugge.be/de, Mo.–Sa. 10–17, So. 10–14 Uhr. Weitere Infostellen finden sich am Bahnhof (Mo.–Fr. 10–17 Uhr, Sa./So. 10–14 Uhr) und am Markt [II D7] (tgl. 10–17 Uhr).
❶ **173** [III D5] **Toerisme Gent**, Sint-Veerleplein 5, 9000 **Gent**, www.visitgent.be, Tel. +32 (0)9 2665660, Mo.–Fr. 9.30–18.30 Uhr (Nov.–März 9.30–16.30 Uhr).
› **Use-It**, www.use-it.be, Tel. +32 (0)9 3243906. Website der flandrischen Städte eigens für Jugendliche.

Die Städte im Internet

› **www.visitantwerpen.be, www.visitbruges.be, www.visitgent.be:** Die offiziellen Seiten der Verkehrsämter der drei Städte verschaffen einen ersten Überblick über die touristischen Angebote.
› **www.rubensonline.be:** Unter dieser Internetadresse findet sich eine aktuelle Datenbank mit Infos zu allen in Flandern befindlichen Rubens-Gemälden.
› **www.antiek.com:** lückenlose Auflistung der Trödel- und Antiquitätenläden in den belgischen Städten (englisch)

Publikationen und Medien

Die **wichtigsten Tageszeitungen** der Region sind die in Antwerpen erscheinende „Gazet van Antwerpen". In Gent wird die Zeitung „De Gentenaar" geschätzt. Beide Blätter sind konservativ und unterhalten eigene Onlineausgaben. Eher linke Positionen vertritt „De Morgen". Meistgelesenes Blatt in Flandern ist die in Brüssel erscheinende „Het Laatse Nieuws".

Deutschsprachige Zeitungen und aktuelle Publikationen liegen gewöhnlich auch in den Stadtbibliotheken aus. Dort finden sich zum Teil auch Internetanschlüsse:
› **Stadtbibliothek Permeke – Antwerpen**, De Conickplein 26, Mo.–Do. 10–20, Fr./Sa. 10–17, So. 10–14 Uhr
› **Stadtbibliothek Brügge**, Kuiperstraat 3, Mo.–Fr. 9.30–19, Sa. 9.30–17 Uhr (Juli und August nur bis 13 Uhr)
› **Stadtbibliothek Gent**, Graaf van Vlaanderenplein 40, Mo.–Do. 10–19, Fr. 10–17, Sa. 10–17 Uhr

Apps

› **Fashion in Antwerp.** Deutschsprachige App für alle, die sich für Mode interessieren und wissen wollen, wo sie hin müssen (2,69 € für Android und iOS).
› **DeParking.** App, die anzeigt, welche Parkhäuser in Gent gerade frei sind (www.mobiliteitgent.be/met-de-auto/verkeersgeleiding/download-de-gentse-parkeerapp, kostenlos für iOS und Android).
› **Red Star Line Museum.** Englischsprachige App, die vom Leben der Auswanderer erzählt, deren Schicksale im gleichnamigen Museum in Antwerpen dokumentiert sind (kostenlos für iOS und Android).

Meine Literatur- und Filmtipps

› Georges Rodenbach, **Das tote Brügge**, Ditzingen 1986. Das Buch gilt als wichtiges Werk des literarischen Symbolismus und begründete den touristischen Ruf der Stadt.
› Klaus-Jürgen Wrede, **Das Geheimnis des Genter Altars**, Hamburg 2015. Actionreicher Thriller um den berühmten Altar der Gebrüder van Eyck (s. S. 92). Fakten und Fiktion verschmelzen zu einer bis zuletzt spannenden Story.
› C. S. Henn, **Die letzte Praline**, München 2013. Kulinarischer Krimi aus Brügge. Tote bei der Weltmeisterschaft der Chocolatiers, spannend und detailversessen.
› Francois Hauser, **Belgien fürs Handgepäck**, Zürich 2011. Hintergrundgeschichten zur Historie des Landes, seinen Künstlern und Köstlichkeiten.
› Posie Graeme-Evans, **Die Heilerin von Brügge**, München 2008. Fesselnder historischer Liebesroman aus dem mittelalterlichen Brügge.
› **Brügge sehen ... und sterben?** Spannender Spielfilm von 2008 mit Colin Farrell in der Hauptrolle und mit Brügge als einzigartiger Filmkulisse. Schwarzer Humor vom Feinsten!

Internet

Die Versorgung mit öffentlich zugänglichen WLAN-Hotspots ist in allen drei Städten sehr gut. Im Grunde verfügen alle Hotels und auch immer mehr Restaurants sowie Cafés über WLAN-Verbindungen. Zum Teil sind diese allerdings kostenpflichtig! Brügge baut im Moment ein über die ganze Innenstadt verteiltes Drahtlos-Netz auf, das an den wichtigsten Punkten wie Bahnhof, Markt oder dem Platz 't Zand schon funktioniert. In der kostenlosen Version ist die Bandbreite allerdings stark eingeschränkt.

Antwerpens Innenstadt – u. a. Koningin Astridplein, De Keyserlei, Meir, Wapper, Theaterplein, Schoenmarkt, Grote Markt, Steenplein und Groenplaats – sowie einige Vororte sind inzwischen mit **kostenlosem WLAN** versehen, in das man sich über www.antwerpen.be einloggt.

Medizinische Versorgung

Das belgische Gesundheitssystem ist effizient und gut organisiert. Alle großen Kliniken stehen in Notfällen rund um die Uhr zur Verfügung. Was früher der sogenannte Auslandskrankenschein war, ist jetzt die **Europäische Krankenversicherungskarte** (**EHIC**). Bei ihrer Vorlage wird man in Belgien in der Regel kostenlos behandelt. Vor allem bei Arztbesuchen kann es aber vorkommen, dass man in Vorleistung gehen muss. In diesem Fall reicht man die **Rechnung** (gut aufbewahren!) anschließend bei der Krankenkasse ein. Da im Ausland **Zuzahlungen** anfallen können, die in Deutschland nicht erstattet werden, ist es ratsam, eine eigene **Reisekrankenversicherung** abzuschließen, welche die Kosten einer Privatbehandlung und gegebenenfalls den Rücktransport übernimmt.

Ausgewählte Krankenhäuser:

✚**174 A. Z. St. Augustinus**, Oosterveldlaan 24, **Antwerpen**, Tel. 03 4433900
✚**175 A. Z. Sint-Jan**, A. Ruddershove 10, **Brügge**, Tel. 050 452111
✚**176** [III E12] **Universitätsklinik Gent**, De Pintelaan 185, **Gent**, Tel. 09 3322111, Notaufnahme: Tel. 09 3322742

Der **ärztliche Bereitschaftsdienst** ist unter der landesweiten Telefonnummer **0900 10512** zu erreichen. Dort erfährt man, wer wo Dienst hat!

Die unter der Bezeichnung *Apotheek* geführten **Apotheken**, gewöhnlich an einem grünen Neonkreuz zu erkennen, sind in der Regel wie alle Einzelhandelsgeschäfte werktags 9–12 und 14–18 Uhr, zum Teil aber auch durchgehend geöffnet. Samstags ist meist bis 14 Uhr geöffnet.

Abends und an Wochenenden hängt an jeder Apotheke eine Liste mit dem Apothekennotdienst *(wacht)* aus. Über die nächstgelegene, nachts geöffnete Apotheke informiert auch die landesweite Nummer 09 0399000 und die Website www.apotheek.be.

Mit Kindern unterwegs

Auch in Flandern ist man darauf eingestellt, dass zunehmend Kinder mit ihren Eltern auf Reisen sind. Das ein oder andere Museum bietet eigene Führungen oder spezielle Veranstaltungen für Kinder an, über die die Websites der Kulturorganisationen informieren. So offeriert beispielsweise das S.M.A.K. ❷ in Gent für Kinder eigene Führungen. Im STAM (s. S. 112) kann mit Legosteinen an einem eigenen Gent gebaut werden.

Weitere Empfehlungen:

●**177** [I H7] **Aquatopia**, Koningin Astridplein 7, **Antwerpen**, Tel. 03 2050750, www.aquatopia.be, tgl. 10–18 Uhr (Einlass bis 17 Uhr), 15,50 €, Online-Tickets 13,50 €, Kinder bis 12 Jahre und Senioren über 60 Jahre 9 €. Einmalige Unterwasserwelten in Bahnhofsnähe, mehr als zehntausend Fische und Meerestiere in natürlicher Umgebung sind hier zu bestaunen. Schon die Website macht neugierig!

●**178 Boudewijn Seapark**, A. De Baeckestraat, 12, Sint-Michiels, Tel. 050 383838, www.boudewijnpark.be, meist 10–17 Uhr (Juli und Aug. bis 18 Uhr), Eintritt: 26 €, Kinder 22 €. Von Oktober bis März ist der Besuch bei eingeschränkten Öffnungszeiten preiswerter. Der Vergnügungspark für Alt und Jung vor den Toren der Stadt **Brügge** wartet mit einem großen Delfinarium auf. Tägliche Vorstellungen mit Seelöwen, Seehunden, Delfinen und Greifvögeln garantieren Spaß für die ganze Familie.

🏛**179** [III F8] „De Wereld van Kina", Sint-Pietersplein 14, **Gent**, Tel. 09 2447373, www.dewereldvankina.be, Mo.–Fr. 9–17, So. 14–17.30 Uhr, Eintritt: 3 €, Familienticket 5 €. Viele Hundert Replikate, Modelle und Artefakte illustrieren in Kindern angemessener Darstellungsform die Entwicklung des Menschen, führen ein in die Welt der Tiere. Am anderen Stadtende (Berouw 55) unterhält das Museum eine eigene Pflanzenabteilung mit Flanderns ältestem Naturlehrgarten (Ticket ist für beides gültig).

❷ [I I7] **Zoo Antwerpen**. Einer der ältesten europäischen Tiergärten lässt nie Langeweile aufkommen. Mehr als 7000 Tiere erwarten Groß und Klein! Daneben gibt es große Spielplätze mit Kletteranlagen!

Notfälle

Notrufnummern

- **Feuerwehr und med. Notdienst:** Tel. 100 und 112
- **Polizei:** Tel. 101 und 112
- **Gift-Notruf-Zentrale:** Tel. 070 245245
- **Tierärztliche Bereitschaft:** 09 2170062

Kartensperrung

Bei **Verlust der Debit-(EC-), Kredit-** oder **SIM-Karte** gibt es für Kartensperrungen eine **deutsche Zentralnummer** (unbedingt vor der Reise klären, ob die eigene Bank diesem Notrufsystem angeschlossen ist). **Aber Achtung:** Mit der telefonischen Sperrung sind die Karten zwar für die Bezahlung/Geldabhebung mit der PIN gesperrt, nicht jedoch für das **Lastschriftverfahren mit Unterschrift.** Man sollte daher auf jeden Fall den Verlust zusätzlich **bei der Polizei zur Anzeige bringen,** um gegebenenfalls auftretende Ansprüche zurückweisen zu können.

In **Österreich** und der **Schweiz** gibt es keine zentrale Sperrnummer, daher sollten sich Besitzer von in diesen Ländern ausgestellten Debit-(EC-) oder Kreditkarten vor der Abreise bei ihrem Kreditinstitut über den zuständigen Sperrnotruf informieren.

Generell sollte man sich immer **Daten** wie Kartennummer und Ausstellungsdatum **notieren,** da diese unter Umständen abgefragt werden.

- **Deutscher Sperrnotruf:** Tel. +49 116116 oder Tel. +49 3040504050
- **Weitere Infos:** www.kartensicherheit.de, www.sperr-notruf.de

Mein Rad, dein Rad - mit Velo hat „bike-sharing" in Antwerpen Einzug gehalten

Öffnungszeiten

Belgien kennt keine festen Öffnungszeiten. Das Gesetz schreibt lediglich vor, dass die Läden werktags zwischen 22 Uhr abends und 5 Uhr morgens geschlossen sein müssen, samstags ist spätestens um 21 Uhr Feierabend. In der Regel haben die Innenstadtgeschäfte zwischen 10 und 18 Uhr geöffnet. Das heißt aber auch, dass manche Läden schon um 9 Uhr oder noch früher öffnen, andere aber erst um 19.30 Uhr oder noch später schließen. Außerdem muss man damit rechnen, dass kleinere Läden in der Mittagspause geschlossen haben. Sonntags haben die Läden gewöhnlich zu, aber auch hier bestätigen Ausnahmen die Regel, etwa in Antwerpen, wo die Geschäfte im Zentrum an jedem ersten Sonntag im Monat geöffnet haben.

- **Geschäfte:** Mo.–Sa. 10–18 Uhr (Kernzeit)
- **Banken:** Mo.–Fr. 9–15 Uhr
- **Museen:** tgl. 10–17 Uhr (Kernzeit), viele sind allerdings montags oder dienstags geschlossen.

Post

Der Wert auf den Briefmarken wird in Belgien in **Frankierungseinheiten** von Eins bis Drei angezeigt, nicht mehr in Euro oder Cent.

Jedes Ziel verlangt eine passende Frankierungseinheit. Ein einfacher Brief (bis 50 g) nach Deutschland, Österreich oder in die Schweiz muss mit Frankierungseinheit Eins versehen werden. Die einfachste Wertmarke für eine **Auslandssendung** kostet 1,23 € pro Stück, ab 5 Marken 1,13 €. Das heißt, dass Briefmarken im Sammelkauf deutlich billiger sind. Die Wertmarken sind in Tabak-

Mit dem Rad durch Antwerpen

In Antwerpen kann man an vielen Stellen ein Fahrrad ausleihen, das an anderer Stelle wieder abgeben werden kann. Zur Anmeldung benötigt man eine Tages- (3,80 €) oder Wochenkarte (9 €).

Die erste halbe Stunde ist kostenlos, jede weitere Nutzung kostenpflichtig. Die Räder stehen an mehr als 150 Stationen im Stadtgebiet verteilt. Sie haben 3-Gang-Schaltung, Gepäckträger und wegen der vielen Straßenbahnschienen extra breite Reifen. Vier Stunden beträgt die maximale Leihzeit. Wer eine Tagestour plant, ist allerdings mit einem im Laden gemieteten Rad besser dran!
› www.velo-antwerpen.be

läden, an Kiosken und auf Postämtern erhältlich.

Die **Postämter** sind gewöhnlich montags bis freitags von 9 bis 17 Uhr und samstagvormittags geöffnet.

✉ **180** [I E7] **Hauptpost Antwerpen**, Groenplaats 43
✉ **181** [II D7] **Hauptpost Brügge**, Markt 5
✉ **182** [III E6] **Hauptpost Gent**, Lange Kruisstraat 55
› **Allgemeine Infos:** www.bpost.be

Radfahren

Flandern ist **ein Paradies für Radfahrer.** Da es so gut wie keine großen Steigungen gibt, ist der Drahtesel eines der wichtigsten Verkehrsmittel der Region. Auch in vielen Zügen können Fahrräder gegen Gebühr problemlos mitgenommen werden. Gent hat eine eigene Radwegkarte für die Erkundung der Stadt und ihrer Umgebung aufgelegt (erhältlich im Touristenbüro oder unter www.visitgent.be).

Viele **Fahrradverleiher** haben sich auf Touristen eingestellt. Inzwischen werden auch Tandem-Räder und Mountainbikes angeboten. Auch die staatlichen Belgischen Eisenbahnen verleihen in Brügge und Gent preisgünstig Fahrräder (Mo.–Fr. 7–19.30, Sa./So. 9–21.40 Uhr). Pro Tag ist mit Mietkosten von 10 bis 15 € zu rechnen. Einige Fahrradmietstationen:

- **183** [I D7] **De Ligfiets**, Steenhouwersvest 25, **Antwerpen,** www.ligfiets.be, Tel. 03 2937456
- **184** [II C9] **Bahnhof Centraal,** Stationsplein, **Brügge,** Tel. 050 302329
- **185** [II F6] **Bauhaus Bike Rental,** Langestraat 145, **Brügge,** Tel. 050 396826
- **186** [III C9] **Bahnhof St. Pieters,** Koningin Maria-Hendrikaplein, **Gent,** Tel. 09 2412224
- **187** [III G7] **De Ligfiets,** Lange Violettstraat 49, **Gent,** www.ligfiets.be, Tel. 09 2250777
- **188** [III B10] **Max Mobiel,** Voskenslaan 27, **Gent,** www.max-mobiel.be, Tel. 09 428042. Der Anbieter unterhält auch eine Verleihstation neben dem Belfried.

› **Infos im Internet:** www.visitflanders.com

Schwule und Lesben

Antwerpen gehört zu den **Schwulenhochburgen Europas**. Das liegt vor allem auch am Image der Stadt als Modezentrum, das wie ein Magnet auf viele selbstbewusste Männer wirkt. Vor allem am Wochenende sind die Klubs Ziel vieler erlebnishungriger Männer jeden Alters – auch aus Deutschland und den Niederlanden. In keiner anderen belgischen Stadt heiraten mehr Homosexuelle. In der Van Schoonhovenstraat [I 6/7] in der Nähe des Hauptbahnhofs ballen sich die Szenelokale, viele Partynächte fangen hier an. In Antwerpen, aber auch in Gent, gibt es für Schwule und Lesben einen **eigenen Stadtplan**, der alle einschlägigen Adressen enthält. In Antwerpen ist die entsprechende Broschüre im Touristenbüro am Grote Markt (s. S. 119) erhältlich, in Gent im Schwulen- und Lesbenzentrum Casa Rosa (Kammerstraat 22 [III E5]). Keine so große Rolle dagegen spielt die Szene im öffentlichen Leben Brügges.

Treffpunkte

- **189** [I F5] **Hessenhuis Café**, Falconrui 53, **Antwerpen**, Tel. 03 2060350, Mo.–Fr. ab 11 Uhr, Sa.–So. ab 15 Uhr. Tagsüber meist gemischtes Publikum, abends Trendbar mit gleichgeschlechtlichem Flair.
- **190** [I E5] **Red&Blue**, Lange Schipperskapelstraat 11–13, **Antwerpen**, Tel. 03 2130555, www.redandblue.be, Sa. 23–7 Uhr, 12 €. Belgiens populärster Gay-Klub mit internationalem Publikum.
- **191** [III E5] **The Out**, Hoogport 53, **Gent**, Tel. 09 3304590, www.the-out.com, tgl. 14–4 Uhr. Gay-Bar mit schöner Sommerterrasse.

Sicherheit

Wegen **terroristischer Attacken** hat Belgien zuletzt immer wieder für Schlagzeilen gesorgt. Noch immer gilt im Land eine erhöhte Sicherheitsstufe, die sich in starker Polizei- und Militärpräsenz in U-Bahnen und an Bahnhöfen zeigt. Das heißt auch, dass man immer gültige Ausweispapiere mit sich führen sollte. Über die aktuelle Sicherheitslage im Land informiert die französischsprachige Webseite www.centredecrise.be.

Weniger angespannt als in Brüssel ist die **Situation in Antwerpen, Gent und Brügge** – auch wenn dort terroristische Angriffe nicht hundertprozentig ausgeschlossen werden können. Deshalb gilt hier ebenfalls, in großen Menschenansammlungen aufmerksam und wachsam zu sein.

Was die Kriminalität in Flandern angeht, gelten **die üblichen Sicherheitshinweise**: Keine Gegenstände sichtbar im Auto zurücklassen. Auf Bahnhöfen, Großveranstaltungen oder Märkten, aber auch beim Einkaufsbummel in den Shoppingcentern sollte man sich vor Taschendieben hüten. In einigen Stadtteilen außerhalb der flandrischen Innenstädte sollte man abends und nachts besonders wachsam sein, erst recht, wenn man alleine unterwegs ist.

Im Falle eines Überfalls, Autoaufbruchs, Diebstahls und anderer krimineller Delikte wendet man sich am besten an die örtliche Polizei. Alle drei Polizeidienststellen sind täglich rund um die Uhr besetzt:

- **192** [I E7] **Polizei Antwerpen**, Oudaan 5, Tel. 03 3385511
- **193** [II C8] **Polizei Brügge**, Hauwerstraat 3, Tel. 05 0448844
- **194** [III B6] **Polizei Gent**, Antonius Triestlaan 12, Tel. 09 2666111

Sport und Erholung

In der Regel finden sich die großen **Sport- und Freizeitzentren außerhalb der Innenstädte** – etwa in Gent der große Sport- und Freizeitpark Blaarmeersen. Dort gibt es nicht nur Möglichkeiten zur Gymnastik, sondern auch Tennis- und Squashplätze, eine Minigolfanlage, ein großes Radsportzentrum, Anlagen für fast alle Ballsportarten und ein Schwimmbad. In Antwerpen lockt der Park Spoor Noord: Eine riesige Freizeitanlage mit Wasserspielplätzen, Rad- und Skateboardpisten und vielen Rasenflächen stehen den Besuchern zu Verfügung. Einen Besuch wert ist auch Flanderns ältestes Hallenbad, das Schwimmbad van Eyck im Art-Déco-Stil. Dahinter kaum zu verstecken braucht sich das Hallenbad Giulini in Brügge, ebenfalls im Art-Déco-Stil gehalten, wo man jeden Morgen zwischen 7 und 8.45 Uhr im 25-Meter-Becken seine Bahnen ziehen kann.

S195 [I H4] **Park Spoor Noord**, zwischen Ellermanstraat und Viaduct-Dam, **Antwerpen**, Tel. 03 2269667

S196 [II G8] **Bloso Centrum Julien Saelens**, Nijverheidstraat 112, **Brügge**, Tel. 050 358861. In- und Outdoor-Sportzentrum mit vielen Ballspielplätzen (Squash, Fußball, Basketball, etc.), Kletterwänden und Fitnessräumen.

S197 [II B6] **Giulini Hallenbad**, Keizer Karelstraat 41, **Brügge**, Tel. 05 727000, Mo.–Fr. 7–8.45 Uhr, nachmittags je nach Belegung durch die Schulen, Sa. 7–11.45 und 14–17.45 Uhr, Eintritt: 1,75 €

S198 Sport- und Freizeitpark Blaarmeersen, Zuiderlaan 5, **Gent**, Tel. 09 2668170, www.gent.be/blaarmeersen

S199 [III G5] **Schwimmbad van Eyck**, Veermanplein 1, **Gent**, Tel. 09 2352740, tgl. wechselnde Öffnungszeiten, Eintritt: 6 €

> **EXTRATIPP**
> **Stadttouren im Joggingtempo**
> Gent oder Brügge lassen sich sportlich erobern: So kann Gent auf 6,5 bis 10,5 km langen Lauftouren erkundet werden (www.cityrunningtours.be, 20 € p. P.). 9 km lang ist der ca. 75 Min. dauernde Lauf durch Brügge (www.gorunningtours.com, 30 € p. P.).

Sprache

Belgien ist ein **dreisprachiges Land**. Neben Deutsch an der Grenze zur Bundesrepublik wird im Süden Französisch und im flandrischen Norden Niederländisch gesprochen.

Aus diesem Grund muss man bei der Anreise aufmerksam sein, denn die meisten Städte **firmieren unter verschiedenen Namen**. Aachen kann auf Autobahnschildern als niederländisch „Aken" oder französisch „Aix-La-Chapelle" ausgeschildert sein. Brüssel taucht niederländisch als „Brussel", französisch als „Bruxelles" auf, Gent französisch als „Gand". Brügge schreibt man auf Niederländisch „Brugge" und auf Französisch „Bruges", Antwerpen auf Französisch „Anvers". Allerdings soll sich diese Situation demnächst ändern, man will alle Städte einheitlich ausschildern.

In allen flandrischen Städten wird in der Regel **Flämisch** (Niederländisch) gesprochen. Genauer betrachtet ist es ein **niederländischer Dialekt**, allerdings wird dieser durch die in den Schulen gelehrte niederländische Standard- bzw. Hochsprache immer mehr verdrängt.

Aber auch **mit Englisch oder Deutsch** kommt man in den Metropolen meist zurecht. So sind in allen größeren Restaurants Speisekarten auch in Englisch oder Deutsch erhältlich.

Wer sich näher mit dem Flämischen befassen will, dem sei der Kauderwelsch-Sprachführer „Flämisch – Wort für Wort" von Elfi Gilissen aus dem Reise Know-How Verlag empfohlen.

Stadttouren

Alle drei Städte bieten neben klassischen Stadtrundgängen Dutzende von Spezialführungen an, zum Teil auch in deutscher Sprache. Während die allgemeinen Stadtrundgänge im Sommer oft ohne große Voranmeldung möglich sind, sollte man sich zu den **Themenführungen** mindestens drei Wochen vorher anmelden. Außerdem empfiehlt es sich, vorab zu klären, in welcher Sprache die Führung erfolgen kann. In allen drei Städten bietet zum Beispiel Vizit **kulinarische Stadtführungen** an, die Wissensdurst mit Lebensfreude stillen.

In Antwerpen gibt es einen eigenen kleinen **Katalog mit Themenwanderungen**, den man online einsehen kann (www.visitantwerpen.be/wanderungen-de). Eine zweistündige Stadtführung auch in deutscher Sprache bietet Antwerpen jedes Wochenende um 14.30 Uhr an, im Juli und August sogar täglich (Treffpunkt: Tourismus & Kongress Antwerpen, Grote Markt, s. S. 119), 10 €, im Vorverkauf 8 €).

Brügge organisiert im Sommer jedes Wochenende (Sa. 14.30, So. 10.30 Uhr) eine **zweistündige Wanderung** durch die Stadt (12,50 €). Von November bis März führt ebenfalls am Wochenende (Sa. 16, So. 10.30 Uhr) eine verkürzte Tour zu den wichtigsten Sehenswürdigkeiten. Treffpunkt ist das Tourismusbüro (s. S. 119).

> **EXTRATIPP**
>
> **Genießertouren**
>
> Der Lust am Genießen kommen auch die Touristiker entgegen. So organisiert Tourismus Antwerpen (s. S. 119) einen Bummel durch die schönsten und originellsten Kneipen. Außerdem gibt es eine Innenstadttour, bei der typische Getränke und Leckereien vorgestellt werden, etwa die *Antwerpse Handjes*, Butterkekse in Form einer Hand, oder das *Bolleke*, ein in runden Gläsern serviertes heimisches Bier.
>
> In Brügge kann man in organisierten Touren durch die besten Schokoladengeschäfte streifen. In Gent kann man an einer Tour durch die schönsten Bierlokale teilnehmen und es gibt im Rahmen einer Führung gar ein regionales Menü, dessen Gänge in verschiedenen Restaurants eingenommen werden. Genauere Informationen halten die Touristeninformationen aller drei Städte bereit.

Spezielle Touren führen zu Kneipen oder Kirchen. Daneben gibt es in Brügge geführte Touren mit dem Rad, der Pferdekutsche, dem Motorroller oder einem Heißluftballon, ein Spaziergang zu den flämischen Meistern oder ins hanseatische Brügge.

Groß ist auch das Angebot an Stadtführungen **in Gent**, dort kümmern sich gleich mehrere Anbieter um die Besucher. Klassische und kulturelle Touren organisiert der **Gidsenbond Gent**, der offizielle Stadtführerverband, das ganze Jahr über – auch in deutscher Sprache.

› www.gidsenbond-gent.be
› www.Vizit.be
› www.gandante.be
› www.gentsegidsen.be
› www.ghent-Authentic.com

Organisierte Stadtrundfahrten

› **Antwerp Diamond Bus,** www.antwerp-citytourbus.be, Tel. +32 (0)9 8517264, tgl. von April bis November, fast stündlich 10.30–15.30 Uhr ab Centraal Station ❶, Sa., So., Mo. und Mi. (Extratour Sa. und So. und tägl. im Juli und August 16.45 Uhr), 13 €. Rundfahrt ab Hauptbahnhof zu den wichtigsten Sehenswürdigkeiten mit acht Haltestellen, an denen man jederzeit ein- und aussteigen kann.

› **Sightseeing Antwerpen,** Tel. +32 (0)3 4809388, www.touristram.be, April–Sept. tgl. 11–17, Okt. 12–16 Uhr, sonst meist nur am Wochenende. 40-minütige Rundfahrt vom Groenplaats ❻ in tramähnlichen Minibussen (7 €).

› **Antwerpen mit dem Pferdewagen,** April–Okt., ab 11 Uhr am Grote Markt ❾, Tel. +32 (0)3 6698520, www.werkendtrekpaard.be, 7 €

› **Brügge mit der Kutsche,** www.hippo.be, Abfahrt am Markt ⓱, Preis pro Kutsche 50 € (maximal 5 Personen), rund 30 Min. Dauer, im Juli und August auch Nachtfahrten

› **City Tour Brugge,** Sightseeing Line, Tel. +32 (0)50 355024, www.citytour.be, ab 10 Uhr (letzte Fahrt im Sommer 19 Uhr), 20 €, Kinder 15 €. Täglich knapp einstündige Rundfahrten vom Marktplatz ⓱ in Minibussen.

› **Gent mit der Kutsche,** Sa. und So. 10–18 Uhr, Abfahrt am Sint-Baafsplein [III E5], Preis pro Kutsche 35 € (maximal 5 Pers.)

Ungewöhnliche Stadttouren

› **Mit dem Ballon über Brügge.** Morgen- und Abendflüge über die Stadt (April–Okt. nur bei gutem Wetter), ab 140 € p. P. Anbieter: www.bruges-ballooning.com, www.hotairballon.be.

Nicht nur in Brügge finden regelmäßig Stadtrundfahrten statt

> **EXTRATIPP**
>
> ### Flandern mit der Vespa
> Stilvoll lassen sich Flanderns Metropolen mit der Vespa erobern. In Brügge gibt es von März bis Nov. organisierte Rundfahrten mit Begleitung (ab 65,€ p. P.). In Gent wird man mit einem GPS-Gerät auf vorgeplante Touren geschickt (ab 25 € p. P.).
> › **Vespa Tours Brügge**, Brügge, www.vespatours-brugge.be
> › **La Bella Vespa**, Gent, www.labellavespa.be

- › **Mit dem Rad durch Brügge:** Die Rundfahrten dauern zweieinhalb Stunden und starten von März bis November täglich um 10 Uhr am Burgplatz. Preis: 28 € (Fahrradmiete und Pausengetränk), bzw. 16 € (mit dem eigenen Rad, Getränk inkl.), Veranstalter: Quasi Mundo Bike Tours, Nieuwe Gentweg 5, Tel. +32(0)50 330775, www.quasimundo.com.
- › **Unterwegs mit dem Ausrufer (Gent):** Wer Märkte mag, der sollte sonntagmorgens mit den sogenannten Genter Ausrufer über die größeren und kleineren Märkte der Stadt ziehen. Die Tour ist kostenlos und findet von Mai bis September statt – leider nur auf Niederländisch. Start auf dem Kouter ❸ : 11 Uhr. Veranstalter: Orde van de Belleman, Koekoeklaan 56, Gent, Tel. +32(0)9 2226743, www.towncriers.be
- › **Mit dem Segway durch Brügge:** Geführte Touren mit dem Segway. Veranstalter: Moment-Discover your way, Sint-Jakobsstraat 44, Tel. +32(0)50 688770, www.momentinbruges.be, ab 35 €. Im Angebot sind spezielle Segway-Touren zu Bierkneipen oder Schokoladenläden und eine Tour durch die Stadt bei Nacht, bei der ein Drei-Gänge-Menü inklusive ist.

> **EXTRAINFO**
>
> ### Vorwahlen
> › Bei **Auslandsgesprächen** ist folgende Kombination zu wählen: für Deutschland 0049, für Österreich 0043, für die Schweiz 0041 + Ortsvorwahl ohne Null + Rufnummer
> › Für **Telefonate aus D, A und CH** gilt: Vorwahl Belgien 0032 + Ortsvorwahl ohne Null + Rufnummer
> › **Ortsvorwahlen:** Antwerpen (0)3, Brügge (0)50, Gent (0)9
> › **Auskunft:** für Inland Tel. 1207, für Ausland Tel. 1204

Telefonieren

Mobiltelefone funktionieren in allen drei Städten bestens. Da jeder Netzbetreiber für seine Kunden in Belgien mehrere Partner hat, sollten preisbewusste Reisende auf den Roaming-Partner achten. Beim ersten Einloggen sucht sich das Handy nämlich den Roaming-Kanal mit dem stärksten Signal, wobei es sich aber nicht um den kostengünstigsten handeln muss. Fleißigen Internet-Surfern sei empfohlen, sich einen belgischen Prepaid-Mobilfunk-Anschluss zuzulegen und den Laptop dann über den Handy-Anschluss zu nutzen.

Bei Ortsgesprächen muss man wie gewohnt die Null der Ortsnetzkennzahl immer mitwählen. Bei Gesprächen aus dem Ausland entfällt sie.

Groß ist auch das Angebot öffentlicher **WLAN-Netze**. Allein Antwerpen zählt gut 600 öffentlich zugängliche Hotspots.
› www.wirelessantwerpen.be

Unterkunft

Allgemeines

Unterkünfte gibt es in allen drei Städten genügend, sie können **jedoch im Sommer oder an Kongress- bzw. Veranstaltungstagen knapp werden.** Das gilt vor allem für Brügge in der Hochsaison. Auffällig ist der Zuwachs anspruchsvoller Hotels. Und auch immer mehr kleine Boutique-Hotels mit meist nur wenigen Zimmern bereichern das Übernachtungsangebot.

Während in Brügge vor allem an den Wochenenden die Hotels oft teurer als unter der Woche sind, ist es in Antwerpen manchmal umgekehrt. Das liegt daran, dass die Businesshotels in Antwerpen von Freitag bis Sonntag ihre Zimmer gern mit Wochenendurlaubern auslasten. In Brügge verlangen manche Hotels zu sommerlichen Spitzenzeiten mindestens zwei Übernachtungen. Umgekehrt wird dem Gast im Winter bei drei Übernachtungen in einigen Hotels hin und wieder eine Nacht geschenkt.

Die belgischen Hotels sind von den Tourismusbehörden **durch Sterne klassifiziert.** In der Regel findet sich am Hoteleingang ein blaues Schild mit Sternen, das Aufschluss über die Qualifizierung gibt. Die Sterne sagen aber wenig über die **Preisgestaltung** aus. So kann am Wochenende ein 3-Sterne-Hotel teurer als ein 5-Sterne-Palast sein, der werktags Geschäftsreisende beherbergt.

Hinzu kommt, dass die Sterne nur die Grundausstattung bewerten. Ein 24-Stunden-Service an der Rezeption oder ein Schwimmbad fallen dabei stärker ins Gewicht als die individuelle Ausstattung der Zimmer oder gar der Service. So kann es sein, dass man sich in einem familiär geführten 3-Sterne-Hotel wohler fühlt als in einem höher bewerteten Haus. Alle drei Städte erheben inzwischen eine Art **Bettensteuer**, die zum Teil auf die Übernachtungskosten aufgeschlagen wird. Kinder sind davon befreit.

Preiskategorien

Preis für ein DZ ohne Frühstück:
€	bis 80 €
€€	ab 80 €
€€€	ab 130 €
€€€€	ab 170 €

Unterkünfte in Antwerpen

200 [I G4] **Best Western Hotel Docklands** €€, Kempisch Dok, Westkaai 84–90, Tel. 03 2310726. **Herberge im Trendviertel am Hafen:** viel gelobtes Hotel mit 38 Zimmern. Parken kostenlos.

201 [I F6] **De Witte Lelie** €€€€, Keizerstraat 16, Tel. 03 2261966, www.dewittelelie.be. **Luxus in der Stadtmitte:** Nur zehn Zimmer und Suiten zählt diese Ruheoase. Fast nirgends anders wird der Gast, vom Interieur bis zum opulenten Frühstücksbuffett, mehr verwöhnt.

202 [I I8] **Lindner Hotel & City Lounge Antwerpen** €€-€€€, Lange Kievitstraat 125, Antwerpen, Tel. 03 2277700, www.lindner.de. **Wohnen im Diamantenviertel:** modernes Familienhotel mit 173 behindertengerechten Zimmern.

203 [I I7] **Park Inn Antwerpen** €€-€€€, Koningin Astridplein 14, Antwerpen, Tel. 03 2023170, www.rezidorparkinn.com. **Beliebtes Hotel in Bahnhofsnähe:** 59 Räume in zeitgenössischem Design, Suiten mit Terrasse.

204 [I I7] **Radisson Blu Astrid Hotel** €€€, Koningin Astridplein 7, Antwerpen, Tel. 03 2031273, www.radissonblu.com/

en/astridhotel-antwerp. **Schwimmbad und Sauna im Haus:** großes Hotel mit 247 Zimmern gegenüber dem Hauptbahnhof. Fitnessräume, kostenloses WLAN und ein großes Frühstücksbuffet.

🏨 **205** [I F8] **Residentie 't Elzenveld** €€, Lange Gasthuisstraat 45, Tel. 03 202770, www.elzenveld.be. **Ruhig und etwas abseits:** Stilmöbel in einem alten Krankenhaus, ruhige Lage, 10 Min. ins Zentrum, gutes Frühstück.

🏨 **206** [I D10] **Rubenshof** €, Amerikalei 115–117, Antwerpen, Tel. 03 2370789, www.rubenshof.be. **Einfach, preiswert und gut:** Das persönlich geführte und zentral gelegene 1-Sterne-Familienhotel verfügt über 22 einfache, aber saubere Zimmer. Das Haus diente einst als Kardinalsresidenz.

🏨 **207** [I M9] **Van der Valk Antwerpen** €, Lt Lippenslaan 66, Antwerpen, Tel. 03 2359191, www.vandervalkantwerpen.be. **Für die ganze Familie:** schlichtes Hotel am Stadtrand mit Schwimmbad und Sauna. Gutes Preis-Leistungs-Verhältnis!

🏨 **208** [I J9] **TRYP by Wyndham** €€, Plantin en Moretuslei 136, Antwerpen, Tel. 03 2710700, www.trypantwerp.com. **Trendy im Trendviertel:** einfaches, aber schönes Hotel im Trendviertel Zurenborg. Minibar kostenlos! Fahrradverleih.

Unterkünfte in Brügge

🏨 **209** [II E6] **Adornes** €€, Sint-Annarei 26, Tel. 050 341336, www.adornes.be. **Drahtesel kostenlos:** 20 einfache Zimmer etwas abseits des Zentrums. An sportliche Gäste werden kostenlos Fahrräder verliehen.

🏨 **210** [II F6] **Bauhaus International Youth Hotel** €, Langestraat 133–137, Tel. 050 341093, www.bauhaus.be. **Für junge Leute ideal:** Tag und Nacht geöffnetes Jugendherbergshaus. Café und Restaurant im Haus, außerdem kann man Fahrräder ausleihen.

EXTRATIPP

Wohnen an der Gracht

Ruhig und dennoch inmitten der Stadt: der Bourgoensch Hof gegenüber dem Rozenhoedkaai ist eine Oase der Gastlichkeit: ein Familienbetrieb, zu dem auch ein Restaurant gehört. Fast jedes Zimmer hat seinen eigenen Charakter – und Preis. Am schönsten sind die Zimmer am Wasser, die einen einmaligen Blick gewähren. Preiswerten Parkraum gibt es in einer Tiefgarage und auch Vierbeiner sind im Burgunder-Hof gern gesehen.

🏨 **216** [II E7] **Hotel Bourgoensch Hof** €€-€€€, Wollestraat 39, Brügge, Tel. 050 331645, www.hotelbh.be

🏨 **211** [II C7] **Bla Bla Hotel** €€, Dweersstraat 24, Brügge, www.hotelblabla.com, Tel. 050 339014. **Preiswert wohnen:** einfaches und modernes Haus, alle Zimmer mit Dusche und Toilette, Flatscreen und kostenlosem WLAN.

🏨 **212** [II E7] **Die Swaene** €€€€, Steenhouwersdijk 1, Brügge, Tel. 050 342798, www.dieswaene.be. **Klassische Luxusherberge im Zentrum:** nahezu perfekter Service und Ausstattung, beheiztes Schwimmbad, auf Wunsch kostenlose Stadtführung (englisch).

🏨 **213** [II C7] **Hotel Dukes' Palace** €€€-€€€€, Prinsenhof 8, Brügge, Tel. 050 447888, www.hoteldukespalace.com. **Wohnen wie einst die Fürsten:** Ein ehemaliger Adelspalast in der Altstadt ist eines von Brügges Vorzeigehotels. Feinste Eleganz und Service! Für alle, die sich etwas Besonderes gönnen wollen.

🏨 **214** [II C10] **Hotel Ibis Budget** €-€€, Marie Popelinplantsoen 4, Brügge, Tel. 050 405120, www.ibis.com. **Für Sparfüchse:** 184 neue Zimmer in Bahnhofsnähe. Für alle, die nur zum Schlafen im Hotel sind.

🏨 **215** [II D7] **Martin's Brugge** €€, Oude Burg 5, Tel. 050 445111, www.martinshotels.com. **Zentraler geht es kaum:** gemütliches, modernes Hotel im Stadtzentrum mit 172 Zimmern.

217 [II C8] **NH Brügge** €€, Boeveriestraat 2, Tel. 05 0449711, www.nh-hotels.de. **Wohnen im ehemaligen Kloster:** 149 einfache Zimmer in der Altstadt. Gemütliche Bar und Restaurant im Haus, kleines Fitness-Center.

Unterkünfte in Gent

218 [III B4] **Andromeda** €, Bargiekaai 35, Gent, Tel. 4866780833, www.ecohostel.be. **Wohnen auf dem Wasser:** Öko-Hostel mit vier Zimmern auf einem alten Binnenschiff. Die einzelnen Räume bieten bis zu acht Personen Platz.

219 [III E7] **Backstay Hostel Gent** €, Sint-Pietersnieuwstraat 128, Gent, Tel. 09 3959660, www.backstayhostels.com. **Ideal für Backpacker:** Unterkunft in einem alten renovierten Haus. Zimmer mit 2 bis 15 Betten mitten in der Stadt.

220 [III D5] **Gent Marriott Hotel** €€€-€€€€, Korenlei 10, Gent, Tel. 09 2339393, www.marriott.com. **Viel gelobtes Hotel am Fluss:** modernes Interieur hinter alten Mauern, direkt am Fluss und zentral gelegen. 139 Zimmer, häufig Sonderangebote!

221 [III E4] **Ghent River Hotel** €€-€€€€, Waaistraat 5, Tel. 09 2661010, www.ghent-river-hotel.be. **Wohlfühlen in der Altstadt:** 4-Sterne-Haus in einer ehemaligen Großbäckerei, zentral in der Altstadt gelegen. Tipp: Am besten ein Zimmer zum ruhigen Fluss hin verlangen!

222 [III F4] **Hostel 47** €, Blekerijstraat 47, Gent, Tel. 09 478712827, www.hostel47.com. **Für gesellige Sparfüchse:** Zimmer für 2 bis 8 Personen, zum Teil mit Doppelbetten. Schöner Garten und kostenloser Internetzugang.

223 [III D5] **Hostel Uppelink** €, Sint-Michielsplein 21, Gent, Tel. 09 2794477, www.hosteluppelink.com.

Sehr preiswert: zentrales Quartier mit Zweibettzimmern und Schlafsälen für bis zu zehn Personen – auch reine Damenzimmer. Frühstücksbuffet und WLAN kostenlos.

224 [III D5] **Hotel Gravensteen** €€-€€€, Jan Breydelstraat 35, Tel. 09 2251150, www.gravensteen.be. **Wohnen mit Stil:** 49 luxuriöse Zimmer im authentischen Empire-Stil, WLAN, Sauna und Hotelparkplatz.

225 [III E4] **Hotel Harmony** €€€-€€€€, Kraanlei 37, Gent, Tel. 09 3242680. **Renommierter Familienbetrieb:** 4-Sterne-Hotel im Szeneviertel Patershol. Schöne, individuell eingerichtete Zimmer mit WLAN, z. T. auch große Studios.

226 [III E5] **Hotel Ibis Gent Centrum St. Baafs Kathedraal** €€, Limburg-straat 2, www.ibishotel.com, Tel. 09 2330000. **Für die ganze Familie:** unweit der Kathedrale gelegenes 120-Zimmer-Budget-Hotel. WLAN-Hotspot und rund um die Uhr geöffnete Bar, und gemütliches Frühstück 4–12 Uhr!

227 [III E5] **NH Gent Belfort** €€-€€€, Hoogpoort 63, Gent, Tel. 09 2333331, www.nh-hotels.com. **Zentral gelegen:** 174-Betten-Hotel mit großen Zimmern, Bar, Brasserie, Fitnessraum und Sauna.

Camping

Die Campingplätze sind normalerweise durch Sterne klassifiziert. Wildes Campen ist verboten!

228 [I D3] **Camping De Molen**, Thonetlaan, 2050 **Antwerpen**, Tel. 03 2377406, www.camping-de-molen.be. Einfacher, aber sehr schön gelegener Platz am linken Schelde-Ufer mit Schwimmbad. WLAN.

229 Camping Memling, Veltemweg 109, 8310 **Brügge** (Sint-Kruis), Tel. 050 355845, www.campingmemling.be. Schöner Stellplatz im Viertel Sint-Kruis östlich der City.

⚠ **230 Camping Blaarmeersen,** Zuiderlaan 12, 9000 **Gent,** Tel. 09 2668160, www.blaarmeersen.be. 4-Sterne-Campingplatz im Sport- und Freizeitpark Blaarmeersen, 206 Stellplätze und 35 Plätze für Campingmobile.

Verhaltenstipps

› Vorbei sind die Zeiten, als Belgiens liberales Drogengesetz den Konsum von Cannabis erlaubte. Heute ist der **Marihuana-** ebenso wie der Handel mit anderen weichen und harten Drogen **verboten.**
› Belgiens Kellnerinnen und Kellner sind es gewohnt, an jeden Tisch **nur eine Rechnung** zu bringen. Daher sollte einer aus der Runde die gesamte Rechnung übernehmen, anschließend kann man sie untereinander aufschlüsseln.
› Taxifahrer erwarten kein **Trinkgeld,** freuen sich aber, wenn man den Endpreis aufrundet. In Lokalen ist in der Regel bereits ein Bedienungszuschlag im Preis inbegriffen. Trotzdem kann man, wenn man besonders zufrieden war, rund 10 % dazugeben. Auch Dienstboten, Zimmermädchen und Toilettenpersonal freuen sich, wenn man ihre Arbeit mit einem angemessenen Trinkgeld würdigt.

Verkehrsmittel

Alle drei Metropolen sind durch Busse und Bahnen bestens erschlossen, sodass man tagsüber nie lange auf eine Verbindung warten muss. **Zentrale Umschlagplätze** für den öffentlichen Nahverkehr sind in Antwerpen der Bahnhof ❶ und der Groenplaats ❻, in Brügge ebenfalls der Bahnhof [II C9] und der Markt ⑰, in Gent der Korenmarkt ㊲.

Der öffentliche Nahverkehr wird von der **Gesellschaft De Lijn** in allen drei Städten betrieben, einem 1991 entstandenen Verkehrsverbund. Damit sind in einer Stadt erworbene Fahrscheine auch in den anderen flandrischen Städten gültig. Fahrplanauskunft und Routenplaner finden sich auf der Website der Gesellschaft (www.delijn.be).
› **Telefonische Auskunft** für alle Nahverkehrsfragen bezüglich Busse und Straßenbahnen. Diese Nummer wählt man auch, wenn man in Bus oder Tram etwas verloren hat: Tel. 070220200 (Mo.–Fr. 7–18 Uhr, Sa. 10–18 Uhr)

Bus und Straßenbahn

Gent und Antwerpen verfügen über ein **dichtes Bus- und Straßenbahnnetz.** Antwerpen hat als einzige Stadt **eine Metro,** genauer betrachtet eine zum Teil unterirdisch verkehrende Straßenbahn, also eine Premetro. In Brügge pendelt ein kleiner Stadtbus täglich zwischen den wichtigsten Punkten der Innenstadt. Die Zielorte und Nummern der Verbindungen sind auf der Frontseite der Busse und Bahnen angezeigt, die gewöhnlich zwischen 6 und 23 Uhr verkehren. Am Wochenende gibt es auch Nachtverbindungen.

Straßenbahn- und Busfahrkarten werden an Ticketautomaten an den Haltestellen, in Zeitungsgeschäften, Supermärkten oder direkt beim Fahrer gelöst. Außerdem sind sie an Kiosken, u. U. auch an der Hotelrezeption erhältlich. Für eine einfache Fahrt löst man ein *Biljet,* eine Mehrfachfahrkarte heißt *Lijnkaart.* Die Karte wird in Bus oder Straßenbahn an speziellen Automaten entwertet. Generell gilt, dass Tickets im Vorverkauf immer billiger sind als beim Fahrer.

Im Allgemeinen erwarten die Fahrer, dass man das Fahrgeld abgezählt bereithält. Scheine werden nur bis 20 € Wert angenommen. Einzelfahrten kosten 3 € und berechtigen zu einer Fahrt mit Umsteigen von bis zu einer Stunde. Dabei muss das Ticket bei jedem Umstieg neu entwertet werden. Sollte sich ein Fahrkartenautomat an der Haltestelle befinden, kann es sein, dass sich manche Fahrer weigern, ein Ticket zu verkaufen. Wer sein Ticket im Vorverkauf erwirbt, also nicht beim Fahrer bezahlt, zahlt weniger. Geld sparen lässt sich auch mit einem **SMS-Ticket**, das man per Handy bestellen kann.

Am besten fährt man mit dem Kauf einer **Tages- oder Mehrtageskarte**, die man sich vor Fahrtantritt an einem Fahrkartenautomat oder einer Vorverkaufsstelle besorgen sollte. Sie kosten im Vorverkauf 6 € (1 Tag), 12 € (3 Tage) oder 17 € (5 Tage). Deutlich teurer ist der Ein-Tages-Pass, wenn man ihn in Bussen oder Bahnen kauft (8 €). Kinder unter 6 Jahren fahren kostenlos. Die wichtigsten Vorverkaufsstellen finden sich in Gent am Korenmarkt ❸⓻, in Antwerpen auf dem Groenplaats ❻ und in Brügge am Hauptbahnhof [II C9].

Wer einsteigen will, muss dies dem Bahn- oder Busfahrer **per Handzeichen ankündigen**. Beim Aussteigen ist eine Klingel zu drücken, die dem Fahrer signalisiert, dass man das Fahrzeug verlassen möchte. Wenn man keinen Fahrschein hat, muss man immer vorne einsteigen, mit gültigem Ticket kann man auch die anderen Türen benutzen.

△ *Busse und Bahnen sind mit den City-Cards (s. S. 118) oft kostenfrei*

Schiff

In allen drei Städten finden während der Hochsaison regelmäßig Schiffsrundfahrten statt. In Brügge und Gent führen diese entlang der Grachten, in Antwerpen quer durch das riesige Hafenareal und auf der Schelde entlang.

Flandria Boat ist Antwerpens wichtigste Schifffahrtslinie. Sie organisiert nicht nur die Hafenrundfahrten (s. S. 62), sondern auch Ausflugsfahrten auf der Schelde. Gleich eine Handvoll Einsteigestellen gibt es in Brügge, wo Hunderttausende jährlich die Stadt per Boot erobern (s. S. 73). Außerdem gibt es von April bis Oktober Ausflugsfahrten ins benachbarte Damme, die am Noorweegse Kaai [II F4] starten. Gleich mehrere Gesellschaften bieten in Gent Grachtentouren an, die preislich fast alle gleich sind. Neuerdings gibt es einen **Hop-on-Hop-off-Verkehr** auf den Kanälen, man kann an sehenswerten Orten aus- und später wieder einsteigen (Tagesticket: 12,50 €, zwei Tage 15 €).

Taxi

Taxifahren in den flandrischen Metropolen ist teuer geworden. Für Fahrten im Innenstadtbereich muss man in allen drei Städten mit etwa 10 bis 15 € rechnen. Nachtfahrten sind gewöhnlich deutlich teurer als Tagestouren, da sich hier der Kilometerpreis meist verdoppelt. In Antwerpen gibt es ein sogenanntes **TOV-Ticket**, das die Hinfahrt mit Bus oder Straßenbahn erlaubt und bei der Rückfahrt 2 € Ermäßigung auf den Taxipreis bietet (max. 4 Pers. pro Taxi). In Gent, wo man die Zahl der Taxen sehr verknappt hat, muss man sich auf längere Wartezeiten einrichten. Es ist also ratsam, Taxen so früh wie möglich vorzubestellen!

Normalerweise finden sich die Taxis an festen Standplätzen in der Innenstadt. Das sind in Gent vor allem die Bahnhöfe und der Korenmarkt ㊲, in Antwerpen Centraal Station ❶ und Groenplaats ❻, in Brügge Markt ⓱ und Bahnhofsplatz. Selbstverständlich kann man immer auch einen Wagen samt Fahrer per Telefon rufen, die Nummern wichtiger **Taxizentralen** lauten:
› Antwerpen: Tel. 03 2383838
› Brügge: Tel. 050 344344
› Gent: Tel. 09 3333333

Wetter und Reisezeit

Flanderns Metropolen sind **zu jeder Jahreszeit eine Reise wert**, vor allem aber außerhalb der traditionellen Ferienzeiten, in denen Städte wie Brügge meist von Touristen überlaufen sind, entfalten sie ihren besonderen Reiz. Auf alle Fälle gehört **Regenkleidung** ins Reisegepäck, denn die Klimadaten für Flandern weisen statistisch das ganze Jahr über Niederschlag aus. Schnee und Frost sind wegen der nahen Nordsee selten. Umgekehrt dämpft das Meer im Hochsommer die Temperaturen.

Die **allgemeine Reisesaison** beginnt Ende März und endet im Spätherbst. Da Flanderns Städte aber eigentlich ein Ganzjahresziel sind, sollte man seine Visite auch von den kulturellen Angeboten abhängig machen.

Durchschnitt	**Wetter in Flandern**											
Maximale Temperatur	5°	6°	9°	13°	17°	20°	22°	22°	19°	15°	9°	6°
Minimale Temperatur	0°	0°	2°	4°	8°	11°	13°	13°	10°	7°	4°	1°
Regentage	19	14	18	16	16	14	14	14	15	16	19	18
	Jan	Febr	März	Apr	Mai	Juni	Juli	Aug	Sept	Okt	Nov	Dez

ANHANG

Kleine Sprachhilfe

Die folgenden Wörter und Redewendungen wurden dem Reisesprachführer „Niederländisch – Wort für Wort" (Kauderwelsch-Band 66) aus dem REISE KNOW-HOW Verlag entnommen und sollen dem Leser eine erste kurze Einführung in die niederländische Sprache bieten. (Das Flämische, das in Flandern gesprochen wird, ist ein Dialekt des Niederländischen.)

Aussprache

Die folgenden Buchstaben(kombinationen) werden anders als im Deutschen ausgesprochen. Die zweite Spalte gibt die Lautschrift wieder.

ch, g	ch	raues „ch" wie in „lachen"
g	sh	bei französ. Wörtern vor e, i, y wie zweites „g" in „Garage"
ng	ng	„ng" wie im Deutschen „bringen"
e	è	kurzes „e" wie in „bitte"
ei, ij	äj	wie „ey"
eu	öö	wie ein langes „ö"
oe	u	kurzes „u" wie in „Bus"
ou	au	wie „au" in „Maus"
s	ß	stimmloses „s" wie in „Bus"
sch	ßch	wie „ß" und dann „ch" in „Häuschen" (kein deutsches „sch")
sj	sch	deutsches „sch" wie in „Schule"
tj	tch	zwischen „tch" und „tj" wie in „Kärtchen"
u	üü	langes „ü" wie in „Mühe", oder:
	ö	kurzer Laut zwischen „i" und „ö"
ui	öi	etwa wie „öi" in „Feuilleton"
v	v	zwischen „f" und „w"
z	s	stimmhaftes „s" wie in „Rose"

Am Wortende gibt es folgende Besonderheiten:

-b	-p	wie „p"
-d	-t	wie „t"
-ig	-èch	„ech" mit weichem „ch" (kein „ä")
-isch	-ieß	„ieß" (mit langem „i"
-n		wird manchmal verschluckt
-lijk	-lèk	„lek", klingt fast wie „lök"
-tie	-zie	„zie" (mit langem „i")

Häufig gebrauchte Wörter und Redewendungen

Zahlen

0	*nul*	nöll
1	*een*	een
2	*twee*	twee
3	*drie*	drie
4	*vier*	vier
5	*vijf*	väjf
6	*zes*	säß
7	*zeven*	seevèn
8	*acht*	acht
9	*negen*	neechèn
10	*tien*	tien
11	*elf*	älf
12	*twaalf*	twaalf
13	*dertien*	därrtien
14	*veertien*	veertien
15	*vijftien*	väjftien
16	*zestien*	säßtien
17	*zeventien*	seevèntien
18	*achtien*	achtien
19	*negentien*	neechèntien
20	*twintig*	twintich
21	*eenentwintig*	eenèntwintich
22	*tweeëntwintig*	tweeèntwintich
23	*drieëntwintig*	drieèntwintich
24	*vierentwintig*	vierèntwintich
25	*vijfentwintig*	väjfèntwintich
26	*zesentwintig*	säßèntwintich
27	*zevenentwintig*	seevèn èntwintich
28	*achtentwintig*	achtèntwintich

+++ Die wichtigsten Wörter mit dem Bonus-Audiotrack des Kauderwelsch-

29	*negenentwintig*	neechènènt wintich	101	*honderdeen*	hondèrdeen
30	*dertig*	därrtich	102	*honderdtwee*	hondèrdtwee (usw.)
40	*veertig*	veertich	200	*tweehonderd*	tweehondèrd
50	*vijftig*	väjftich	300	*driehonderd*	driehondèrd
60	*zestig*	sßtich	1.000	*duizend*	döisènd
80	*tachtig*	tachtich	2.000	*tweeduizend*	tweedöisènd
90	*negentig*	neechèntich	10.000	*tienduizend*	tiendöisènd
100	*honderd*	hondèrd	1.000.000	*een miljoen*	een milljunn

Die wichtigsten Fragewörter

welke?	wällkè	welches?
wat voor een?	wat voor een	was für ein?
waar?	waar	wo?
waarvandaan?	waarvanndaan	woher?
waarnaartoe?	waarnaatu	wohin?
waarom?	waaromm	warum?
hoe?	hu	wie?
hoeveel?	huveel	wie viel?
wanneer?	wanneer	wann?
waarmee?	waarmee	womit?

Die wichtigsten Richtungsangaben

(naar) rechts/links	naar rächtß/linkß	(nach) rechts/links
rechtdoor	rächtdoor	geradeaus
terug	tèröch	zurück
tegenover	teechènoovèr	gegenüber
tussen	tößèn	zwischen

Die wichtigsten Zeitangaben

(over)morgen	(oovèr)morchèn	(über)morgen
's morgens	ßmorchènß	morgens
's middags	ßmiddachß	mittags
's avonds	ßavèndß	abends
dagelijks	daachèlèkß	täglich
eerder – later	eerdèr – laatèr	früher – später
nou, nu – gauw	nau, nü – chauw	jetzt – bald
maandag	maandach	Montag
dinsdag	dinßdach	Dienstag
woensdag	wunßdach	Mittwoch
donderdag	dondèrdach	Donnerstag
vrijdag	vräjdach	Freitag
zaterdag	saatèrdach	Samstag
zondag	sonndach	Sonntag

AusspracheTrainers auf PC oder Smartphone lernen (siehe Umschlag hinten) +++

Die wichtigsten Fragen

Wat is dat? wat iß dat	Was ist das?
Kunt u me vertellen ...? könnt ü mè vèrtällèn	Können Sie mir sagen ...?
Is er ...? – Heeft u ...? iß èr – heeft ü	Gibt es ...? – Haben Sie ...?
Ik wou graag ... ik wau chraach	Ich hätte gerne ...
Ik zoek ... – Ik neem ... ik suk – ik neem	Ich suche – Ich nehme ...
Waar vind ik ...? waar vind ik	Wo finde ich ...?
Ik heb ... nodig. ik häp noodich	Ich brauche ...
Waar kan ik ... kopen? waar kann ik ... koopèn	Wo kann ich ... kaufen?
Kunt u me ... geven? könnt ü mè ... cheevèn	Können Sie mir ... geben?
Hoeveel kost dat? huveel koßt dat	Wie viel kostet das?
Waar is ...? waar iß	Wo ist ...?
Hoe kom ik naar ...? hu komm ik naar	Wie komme ich nach ...?
Hoeveel kost de rit naar ...? huveel koßt dè rit naar	Wie viel kostet die Fahrt nach ...?
Ik wil graag naar ... ik will chraach naar	Ich möchte nach ... (Taxi)
Hoe lang duurt ...? hu lang düürt	Wie lange dauert ...?

Nichts verstanden? – Weiterlernen!

Ich spreche kaum Niederländisch.	*Ik spreek bijna geen Nederlands.* ik ßpreek bäjna cheen needèrlandß
Wie bitte? (geduzt/gesiezt)	*Wat zeg je/zegt u?* wat säch jè/sächt ü
Ich habe dich/Sie nicht verstanden.	*Ik heb je/u niet verstaan.* ik häp jè/ü niet vèrßtaan
Sprichst du/sprechen Sie Englisch/ Deutsch?	*Spreek jij/spreekt u Engels/Duits?* ßpreekt ü/ßpreek jäj ängelß/döitß
Was heißt ... auf Niederländisch/ Deutsch?	*Wat is ... in het Nederlands/Duits?* wat iß ... in hèt needèrlandß/döitß
Kannst du/können Sie das wiederholen?	*Kun je/Kunt u dat nog een keer zeggen?* könn jè/könnt ü dat noch een keer sächèn

Könnten Sie etwas langsamer sprechen?	*Zou u iets langzamer kunnen spreken?* sau ü ietß langsaamèr können ßpreekè
Was bedeutet dieses Wort?	*Kunt u me vertellen wat dit woord betekent?* könnt ü mè vèrtällèn wat dit woord bèteekènt
Wie spricht man dieses Wort aus?	*Hoe spreekt u dit woord uit?* hu ßpreekt ü dit woord öit
Können Sie mir das bitte aufschreiben?	*Wilt u mij dat alstublieft opschrijven?* willt ü mäj dat aßtüblieft opßchräjvèn

Die wichtigsten Floskeln und Redewendungen

ja – nee jaa – nee	ja – nein
dank u – dank je wel dank ü – dank jè wäl	danke (gesiezt – geduzt)
alsjeblieft – alstublieft aßjèblieft – aßtüblieft	bitte (geduzt – gesiezt)
Graag gedaan. chraach chèdaan	Keine Ursache./ Gern geschehen.
Dankjewel, hetzelfde! dankjèwäl, hètsälfdè	Danke gleichfalls! (geduzt)
Goedemorgen!/Goededag! chujèmorchèn/chujèdach	Guten Morgen/Tag!
Goedenavond! chujènaavènd	Guten Abend!
Welterusten! wälltèrößtèn	Gute Nacht!
Welkom! wällkomm	Willkommen!
Hallo!/Hoi! – Doei! hallo/hoj – duj	Hallo! – Tschüss!
Tot ziens! tott sienß	Auf Wiedersehen!
Tot gauw. tot chauw	Bis bald.
Hoe gaat het (met jou/u)? hu chaat hèt (mät jau/ü)	Wie geht's (dir/Ihnen)?
Dank u wel, goed! dank ü wäll, chut	Danke, gut. (gesiezt)
Eet smakelijk! – Proost! eet ßmaakèlèk – prooßt	Guten Appetit! – Prost!
Sorry! – Het spijt me. ßorrie – hèt ßpäjt mè	Entschuldigung! – Es tut mir Leid.
Is niet erg./Is Okee. iß niet ärch/iß okee	Macht nichts! (Antwort auf Entschuldigung)

Der Autor

In einer der ältesten europäischen Kulturlandschaften fühlt sich der Reisejournalist Günter Schenk besonders wohl. Immer wieder führten ihn seine Wege nach Flandern, dessen fast mediterrane Lebenslust ihn auch zu diesem CityTrip-Band inspirierte. Für ihn sind Antwerpen, Brügge und Gent ein Stück europäischer Identität, Metropolen einer lebendigen Geschichte, deren Vergangenheit heute ihre Zukunft bestimmt. Immer wieder macht er dort gern Station, um sich nach Neuem umzuschauen.

Der Autor arbeitet für renommierte deutschsprachige Zeitungen und Magazine wie „GEOSaison", „Südwestpresse", „Rhein-Main-Presse", „Rhein-Neckar-Zeitung", „Badische Zeitung" oder „Münchner Merkur". Im REISE KNOW-HOW Verlag erschienen in der gleichen Reihe seine CityTrip-Bände „Baden-Baden", „Brüssel", „Heidelberg", „Koblenz", „Liverpool", „Mainz", „Rotterdam", „Vilnius und Kaunas" und „Wiesbaden".

Schreiben Sie uns

Dieses Buch ist gespickt mit Adressen, Preisen, Tipps und Daten. Unsere Autoren recherchieren unentwegt und erstellen alle zwei Jahre eine komplette Aktualisierung, aber auf die Mithilfe von Reisenden können sie nicht verzichten. Darum: Teilen Sie uns bitte mit, was sich geändert hat oder was Sie neu entdeckt haben. Gut verwertbare Informationen belohnt der Verlag mit einem Sprachführer Ihrer Wahl aus der Reihe „Kauderwelsch".

Kommentare übermitteln Sie am einfachsten, indem Sie die Web-App zum Buch aufrufen (siehe Umschlag hinten) und die Kommentarfunktion bei den einzelnen auf der Karte angezeigten Örtlichkeiten oder den Link zu generellen Kommentaren nutzen. Wenn sich Ihre Informationen auf eine konkrete Stelle im Buch beziehen, würde die Seitenangabe uns die Arbeit sehr erleichtern. Unsere Kontaktdaten entnehmen Sie bitte dem Impressum.

Impressum

Günter Schenk

CityTrip Antwerpen, Brügge, Gent

© REISE KNOW-HOW Verlag Peter Rump GmbH
2009, 2010, 2011, 2012, 2014, 2015

7., neu bearbeitete und
komplett aktualisierte Auflage 2016

Alle Rechte vorbehalten.

ISBN 978-3-8317-2840-4
PRINTED IN GERMANY

Druck und Bindung:
Media-Print, Paderborn

Herausgeber: Klaus Werner
Layout: amundo media GmbH (Umschlag, Inhalt), Peter Rump (Umschlag)
Lektorat: amundo media GmbH
Karten: Ingenieurbüro B. Spachmüller, amundo media GmbH
Anzeigenvertrieb: KV Kommunalverlag GmbH & Co. KG, Alte Landstraße 23, 85521 Ottobrunn, Tel. 089 928096-0, info@kommunal-verlag.de
Kontakt: Osnabrücker Str. 79, 33649 Bielefeld, info@reise-know-how.de

Alle Angaben in diesem Buch sind gewissenhaft geprüft. Preise, Öffnungszeiten usw. können sich jedoch schnell ändern. Für eventuelle Fehler übernehmen Verlag wie Autor keine Haftung.

Bildnachweis
Umschlagvorderseite und Umschlagklappe rechts: Günter Schenk
Soweit ihre Namen nicht vollständig am Bild vermerkt sind, stehen die Kürzel an den Abbildungen für die folgenden Fotografen, Firmen und Einrichtungen. Günter Schenk: gs | Fotolia: fo

Register

A
Adornesdomäne 77
Altar, Genter 92
Anreise 114
Antwerp Six 46
Apotheken 121
Apps 119
Arzt 120
Ärztlicher
 Bereitschaftsdienst 121
Autobahnnetz 114
Autofahren 116

B
Bahn 114
Barrierefreiheit 117
Bars 60, 110
Bars, Antwerpen 60
Bars, Brügge 85
Beginen 75
Beginenhof 75
Behinderte 117
Belfried, Brügge 68
Belfried, Gent 94
Bier 22
Bierfestival 13
Bijloke-Abtei 101
Bildersturm 31
Billigflieger 115
Blumenmarkt 100
Bootsfahrt, Gent 90
Bootsrundfahrt, Brügge 73
Bosch, Hieronymus 103
Botschaften 117
Boulevard De Keyserley 41
Brauhäuser 24
Brueghel d. Ä., Jan 42
Bücherturm 101
Burg Gravensteen 97
Bus 115, 132

C
Cactus Music Festival 13
Cafés, Antwerpen 59
Cafés, Brügge 85
Cafés, Gent 110
Camping 131
Centraal Station 39
Chocolaterie 25
Choco-Story 86
Citadelpark 17
Citybummeln 15
CityCard 28
Concertgebouw 85
Confiserien 25

D
December Dance 14
Diamantenmuseum 86
Diamantenviertel
 Antwerpen 40
Diplomatische
 Vertretungen 117
Discos 60, 110

E
EC-Karte 118, 122
Einkaufen 56, 82, 108
Einkaufsmeile
 Antwerpen 41
Einkaufsstraße, Gent 100
Elektrizität 117
Essen 17
Essen, Antwerpen 58
Essen, Brügge 84
Essen, Gent 109
Events 13
Eyck, Jan van 92

F
Fahrradverleih 123
Feiertage 13
Festivals 13
Fisch 18
Flamen 32
Flämisch 125
Flanieren 15
Fliegen 115
Flughafen
 Brüssel-Zaventem 115
Fremdenverkehrsbüros 119
Frietmuseum 86
Frittenbuden 20
Fundsachen 132

G
Galerien 61, 86, 111
Gastronomie, Antwerpen 58
Gastronomie, Brügge 84
Gastronomie, Gent 109
Geld 118
Genever 98
Genießen 17
Genter Altar 92
Genter Floralien 13
Gentse Feesten 13
Geschichte, Antwerpen 36
Geschichte, Brügge 64
Geschichte Flanderns 30
Geschichte, Gent 88
Getränke 18
Glockenspiel 94
Graffitis 95
Grand Bazar
 Shopping Centre 56
Graslei 98
Gravensteen 97
Groeninge Museum 73
Groenplaats 42
Grote Markt 44

H
Hafen, Gent 98
Hafenrundfahrt,
 Antwerpen 62
Handschoenmarkt 44
Handy 128
Hauptbahnhof
 Antwerpen 39
Hausbrauereien 24
Heilig-Blut-Basilika 69
Heilig-Blut-
 Prozession 13, 70
Het Zuid 48
Homosexuelle 124
Hotels 129
HRD Antwerp,
 Diamond Lab 40
HRD Antwerp Institute of
 Gemmology 40
Huis ter Beurze 77
Huis van Alijn (Volkskunde-
 museum Gent) 111

I

Informationsquellen 119
Internationales Filmfestival Flandern 14
Internetcafés 120
Internettipps 119

J

Jan van Eyckplein 77
Jerusalemkapelle 77

K

Kantcentrum 65
Kartensperrung 122
Kathedrale St. Salvator 76
Kinder 121
Klima 134
Koningin Astridpark 17
Konzerte 27, 60, 85, 111
Korenlei 98
Korenmarkt 99
Kouter 100
Kraanlei 96
Krankenhäuser 121
Krankenversicherung 120
Kräuterlikör 19
Kreditkarten 118, 122
Küche, flämische 18
Kulinarischer Tagesablauf 24
Kunsthalle St. Petersabtei 112
Kunstszene 27
Kupferdrache 94

L

Laundry Day 14
Leben am Wasser 33
Lesben 124
Liebfrauenkathedrale 43
Liebfrauenkirche 74
Literaturtipps 120
Lokale, Antwerpen 58
Lokale, Brügge 84
Lokale, Gent 109

M

Maestro-Karte 122
Mammelokker 95
Markt, Brügge 68
Märkte, Antwerpen 57
Märkte, Brügge 84
Märkte, Gent 108
Massys, Quentin 44
Mautgebühren 114
Medizinische Versorgung 120
Mehrwertsteuer 118
Meir 41
Memling in Sint-Jan 86
Mentalität 32
Michaelsbrücke 99
Michaelskirche 99
Michelangelo 74
Miesmuscheln 19
Mietwagen 117
Minnewater 75
Mobiltelefon 128
Modemetropole Antwerpen 46
Modemuseum MoMu 61
ModeNatie 47
Modeviertel Nationalestraat 47
Moretus, Balthasar 48
Museen, Antwerpen 61
Museen, Brügge 86
Museen, Gent 111
Musem voor Volkskunde (Volkskundemuseum Brügge) 86
Museum aan de Stroom (MAS) 49, 61
Museum Arnold Vander Haeghen 100
Museum Dr. Guislain – Geschichte der Psychiatrie (Außenseiterkunst) 112
Museum für Industrie- Archäologie und Textil (MIAT) 112
Museum für Schöne Künste, Antwerpen 48
Museum für Schöne Künste, Gent 103
Museum Mayer van den Bergh 61
Museum Plantin-Moretus 48
Museumsrabatte 28
Museumsviertel Het Zuid 48
Museum van Heedendaagse Kunst (MuHKA) 61
Museum voor Sierkunsten (Designmuseum Gent) 112
Musikszene 26

N

Nachtleben 26
Nahverkehr, öffentlicher 132
Niederländisch 125, 136
Nikolauskirche 99
Notfall 122
Notrufnummern 122

O, P

Ode Gent 13
Öffnungszeiten 122
Oper 27
Paleis op de Meir 41
Parken 69, 116
Patershol 96
Patersholfeesten 13
Pazifikationssaal 95
Plantin, Christophe 48
Planungshinweise 10
Polizei 124
Pommesbuden 20
Pommes frites 19
Post 122
Pralinen 25
Preisniveau 118
Preistipps 118

R

Radfahren 123
Rathaus, Antwerpen 44
Rathaus, Brügge 72
Rathaus, Gent 95
Rauchen 19
Reien 73
Reisezeit 134
Reliquie
 des Heiligen Blutes 69
Restaurants, Antwerpen 58
Restaurants, Brügge 84
Restaurants, Gent 109
Rockoxhuis 61
Rozenhoedkaai 72
Rubenshaus
 (Rubenshuis) 42
Rubensmarkt 13
Rubens, Peter Paul 42
Ruheoasen 17
Rundgang, Antwerpen 37
Rundgang, Brügge 66
Rundgang, Gent 90

S

Sammlungen 28
Sankt-Anna-Kirche 77
Sankt-Anna-Tunnel 45
Sankt
 Jakobuskirche 42
Schelde 45
Schelde-Gotik 99
Schelderundfahrt 47
Schiff 133
Schiffsrundfahrten 133
Schokolade 25, 77
Schwule 124
Shoppen, Antwerpen 56
Shoppen, Brügge 82
Shoppen, Gent 108
Sicherheit 124
Silvius Bravo 45
Sint-Baafsplein 91
S.M.A.K. Gent 112
Speisen 18
Sperrnotruf 122
Spitze 65
Sport 125
Sprache 33, 125
Sprachhilfe 136
Stadsfeestzaal 56
Stadspark 17
Stadtbibliotheken 119
Stadthalle, Gent 94
Stadtmuseum Gent 101
Stadtspaziergang
 Antwerpen 37
Stadtspaziergang Brügge 66
Stadtspaziergang Gent 90
Stadttouren,
 organisierte 126
STAM – Stadtmuseum
 Gent 112
St. Bavo (St. Baafs-
 kathedraal) 91
Steen 45
St. Peterskirche 101
Strandurlaub 10
Straßenbahn 132
Stromspannung 117
St. Salvatorskatedraal 76
Sturmflut 33
Synagoge, Antwerpen 40
Szeneviertel 34

T

Tagesmenü 26
Tageszeitungen 119
Taxi 134
't Eilandje 49
Telefonieren 128
Termine 13
Terrorismus 124
Textilindustrie 30
Theater 27, 60, 85, 111
Themenführungen 126
Tickets (ÖPNV) 132
Tourismus Flandern 119
Touristeninformationen 119
Trinken 18
Trinkgeld 132
Tuchhalle, Brügge 68
Tuchhalle, Gent 95
't Zand 67

U

Überseehafen
 Antwerpen 37
Uferpromenade, Gent 98
Umzug des Goldenen
 Baumes 12
Unfall 120
Universitätsviertel,
 Gent 101
Unterkunft 129

V

Vegetarier 19, 59,
 85, 110, 111
Veldstraat 100
Veranstaltungen 13
Verhaltenstipps 132
Verkehrsmittel 132
Visa-Karte 118
Vismarkt (Fischmarkt) 72
Vlaamse
 Kunstcollectie 28
Vlaamse Opera
 Antwerpen 60
Vlaamse Opera Gent 111
Vorwahl 6, 128
Vrijdagmarkt
 (Freitagsmarkt) 48, 95

W, Z

Wapper 41
Waterzooi 18
Weihnachtsmärkte 14
Weltkulturerbe 66, 75
Werregarenstraat 95
Wetter 134
Windmühlen 17
WLAN 120, 128
Wochenendtrip 8
Woensdagmarkt 77
Zand, 't 67
Ziegenkäse 19
Zomer van Antwerpen 13
Zoo Antwerpen 39
Zug 114
Zunfthäuser 98
Zwin 66